Die garantiert superlustigsten Witze für den Pausenhof

SCHNEIDERBUCH

Bisher bei Schneiderbuch erschienen:

700 Kinderwitze für den Schulhof
Die garantiert superlustigsten Witze für den Pausenhof

1. Auflage 2024
Originalausgabe
© 2024 Schneiderbuch in der
Verlagsgruppe HarperCollins Deutschland GmbH, Hamburg
Alle Rechte vorbehalten

Umschlagillustration von Steffen Gumpert
Satz: Anke Koopmann | Designomicon, Bruck i.d.OPf
unter Verwendung von Abbildungen von shutterstock
Druck und Bindung: GGP Media GmbH, Pößneck
Printed in Germany · ISBN 978-3-505-15188-0

www.schneiderbuch.de
Facebook: facebook.de/schneiderbuch
Instagram: @schneiderbuchverlag

Inhaltsverzeichnis

Tafeldienst? Witzedienst!

»Du da, neben der Tür«, sagt der Lehrer, »wann wurde Goethe geboren?«

»Weiß ich nicht.«

»Aha. Und wann wurde Luther geboren?«

»Weiß ich auch nicht.«

»Sag mal, hast du gestern Hausaufgaben gemacht?«

»Nein, ich habe mit meinen Freunden Skat gespielt.«

»Das ist ja ein starkes Stück, junger Mann – was willst du dann eigentlich hier?«

»Glühbirnen auswechseln. Ich bin der Elektriker.«

Lehrer: »Was ist ein Katalog?«

Schüler: »Die Vergangenheitsform von ›ein Kater lügt‹.«

»Und jetzt nennt mir einige Bäume unserer Heimat«, bittet die Lehrerin. Und sogleich kommen die Antworten:

»Der Tannenbaum.«

»Der Apfelbaum.«

»Der Lindenbaum.«

Sagt Emma: »Der Purzelbaum.«

»Spricht Ihr Mann im Schlaf?«, wird eine Dame gefragt.

»Nein, im Gegenteil, er spricht, während andere schlafen.«

»Wieso? Das verstehe ich nicht.«

»Ja, wissen Sie, mein Mann ist Lehrer.«

Aus der Geschichtsstunde.

Sagt der Professor: »Napoleon begann die berühmte Rede an seine Soldaten mit den ergreifenden Worten: ... Welcher Lümmel schmeißt da mit Papierkugeln?«

Der Lehrer hat einen besonderen Trick:

»Wie viel ist drei und vier?«

»Sieben«, sagt Greta.

»Gut!«, sagt der Lehrer. »Dafür kriegst du sieben Gummi-bärchen.«

Da flüstert Gretas Sitznachbar: »Hättest du doch zehn gesagt!«

»So ein schlechtes Zeugnis hab ich bei dir noch nie gesehen. Hast du vielleicht eine Erklärung dafür?«, fragt der Vater seinen Sohn.

»Ja, die hab ich tatsächlich. Das liegt an den Sternen.«

»An den – waaas?«, fragt der Vater ungläubig nach.

»An den Sternen. Pass auf. Meine Lehrerin ist Steinbock, und ich bin Skorpion. Da kann nie was draus werden.«

»Du kommst eine halbe Stunde zu spät zum Unterricht!«

»Entschuldigung, Frau Lehrerin. Ich bin die Treppe hinuntergefallen.«

»Ja, dann hättest du doch umso früher da sein können!«

»So«, sagt der Lehrer, »ihr hattet einen Aufsatz zu schreiben. Thema: Unser Kanarienvogel. Emma, lies vor!«

Emma steht auf, räuspert sich und liest: »Unser Kanarienvogel. Wir haben keinen.«

Lehrer: »Wie viele Erdteile gibt es?«

Schüler: »Sechs.«

Lehrer: »Genauer bitte.«

Schüler: »Eins, zwei, drei, vier, fünf, sechs.«

Lehrer: »Paul, warum lachst du?«

Paul: »Ich habe nicht über Sie gelacht, Herr Lehrer.«

Lehrer: »Was gibt es denn hier sonst zu lachen?«

»Warum schaust du jetzt schon zum vierten Mal in Milas Heft?!«, sagt die Lehrerin während der Klassenarbeit zu Lotte.

»Na, weil Mila so undeutlich schreibt!«

Biologie ist dran.

»Angenommen«, sagt Herr Knopf, »ich springe hier über die erste Bank. Welche Muskeln treten dann in Tätigkeit?«

»Die Lachmuskeln«, ruft einer der Schüler.

»Was geschah bei der Schlacht von Cannae?«, will die Geschichtslehrerin Frau Schmalfuß von Simon wissen.
»Frau Schmalfuß«, antwortet Simon, »bei der Schlacht von Cannae war ich krank.«

»Adam«, sagt der Mathelehrer, »jemand hat 239 Euro und 20 Euro Schulden. Er gibt die Hälfte zurück. Wie viel muss er dann noch zahlen?«
Adam denkt lange nach. Dann hat er's: »Die andere Hälfte!«

Elena schreibt im Diktat das Wort »Tiger« klein. Seufzt der Lehrer: »Habe ich nicht schon zigmal erklärt: Alles, was man anfassen kann, wird groß geschrieben!«
Darüber wundert sich Elena. »Glauben Sie denn, dass man einen Tiger anfassen kann?«

Kilian ist ein eher fauler Schüler. Als er einen Aufsatz mit dem Thema »Was ist Faulheit?« schreiben soll, gibt er sein Heft beim Lehrer ab. Die ersten 30 Seiten sind völlig leer. Auf der 31. Seite des Heftes steht geschrieben: »Das ist Faulheit!«

»Wer kann mir sagen, was die alten Römer uns voraus-
hatten?«, fragt der Lehrer in der Geschichtsstunde.
»Sie brauchten kein Latein zu lernen«, meldet sich Louisa.

Der Lehrer stellt Pepe eine Aufgabe: »Ich gebe dir
achtzehn Nüsse, von denen du die Hälfte deinem Bruder
abgibst. Wie viel kriegt er?«
»Sechs!«
»Falsch! Kannst du denn nicht dividieren?«
»Doch«, meint Pepe schulterzuckend, »aber mein Bruder
nicht!«

In Erdkunde prüft die Lehrerin ihre Schulklasse ganz
genau: »Was ist näher: der Mond oder Asien?«
Christoph in der ersten Bank meint: »Ich glaube, der Mond
ist näher. Denn den sehe ich manchmal, Asien nie.«

Lehrer: »Daria, nenne mir einen berühmten Dichter!«
Schülerin: »Achilles, Herr Lehrer!«
Lehrer: »Aber Achilles war doch kein Dichter.«
Daria antwortet schlau: »So? Er wurde aber durch seine
Verse berühmt.«

Der Geschichtslehrer will den Schülern klarmachen, dass es noch etwas anderes gibt als Fernsehen. »Was glaubt ihr denn, was die Menschen gemacht haben, als es noch kein Fernsehen gab?«

Allgemeines Schweigen.

»Was glaubt ihr denn, wie die Menschen es Tausende von Jahren ohne diesen Apparat ausgehalten haben?«, fragt er weiter.

Mia meldet sich: »Die haben es gar nicht ausgehalten. Die sind doch alle gestorben!«

»Nenne mir die Jahreszeiten, Hannah«, sagt der Lehrer.

»Frühling, Herbst und Winter.«

»Na, und wo bleibt der Sommer?«

»Das hab ich mich in diesem Jahr auch gefragt, Herr Lehrer!«

Der Schüler Paul fährt mit dem Lehreraufzug in die Etage der Schule, in der sein Klassenzimmer ist. Unterwegs steigt ein Lehrer ein und schimpft: »He, das ist der Lehreraufzug!«

Darauf sagt Paul: »Entschuldigung, aber wie soll ich sonst hochkommen – einen Schüleraufzug gibt es ja nicht!«

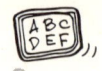

Einmal im Jahr prüft die Direktorin die Schüler.

»Wie viele Erdteile gibt es?«, fragt sie gerade in der ersten Klasse.

Malte meldet sich und sagt: »Zwanzig.«

Der Klassenlehrer schaut in das entsetzte Gesicht der Direktorin und fragt: »Wie kannst du der Direktorin so etwas antworten?!«

Malte erschrickt. »Durfte sie das gar nicht wissen?«

Lehrer: »Wie heißen Sie?«

Schülerin: »Müller ohne f, Herr Lehrer.«

Lehrer: »Ohne f?«

Schülerin: »Ja, ohne f!«

Lehrer: »Aber Müller schreibt man doch immer ohne f.«

Schülerin: »Ja! Das sag ich ja die ganze Zeit.«

Tom muss zur Strafe 100 Mal schreiben: »Ich darf den Lehrer nicht duzen.«

Er schreibt es 200 Mal.

»Warum denn das?«, fragt der Lehrer.

Tom: »Weil ich dir eine Freude machen wollte!«

Der Lehrer zum Schüler: »Für das Gymnasium bist du wenig geeignet. Ich würde es an deiner Stelle mal mit Lotto versuchen.«

»Warum denn?«

»Von 49 Testfragen hast du sechs richtig beantwortet.«

»Also, Frau Schmidt«, sagt Clara zu ihrer Lehrerin, »meine Mutter hat mir 50 Euro versprochen, wenn ich im Zeugnis sehr gute Noten stehen habe.«

»Na«, meint die Lehrerin, »dann bemüh dich dafür!«

»Wissen Sie, ich hab da einen besseren Vorschlag: Sie geben mir lauter gute Noten, und dann teilen wir halbe-halbe!«

Sagt der Lehrer zum Schüler: »Einer von uns muss spinnen.«

Am nächsten Tag überreicht ihm der Schüler einen Zettel.

»Was ist denn das?«, fragt der Lehrer.

»Ein Attest vom Schularzt, demzufolge ICH völlig normal bin!«

Schüler: »Kann ich Sie bitte unter vier Augen sprechen?«

Lehrer: »Du meinst wohl unter drei?«

Schüler: »Wieso?«

Lehrer: »So wie ich dich kenne, soll ich bestimmt wieder ein Auge zudrücken.«

Fragt der Lehrer: »Na? Habt ihr rausbekommen, wie lange es dauert, von Köln bis Berlin zu laufen? Svea, was meinst du?«

Svea antwortet bekümmert: »Das weiß ich noch nicht, mein Vater ist noch nicht wieder zurück!«

Im Schulsekretariat.

Schüler: »Ich habe in der Garderobe ein halbes Brathähnchen gefunden, und das wollte ich abliefern.«

Sekretärin: »Gut gemacht. Wenn sich innerhalb der nächsten sechs Monate niemand meldet, gehört es dir.«

Die Schulglocke ist ausgefallen. Lehrer Meier ruft in den Pausenhof: »In fünf Sekunden ist alles in den Klassenzimmern!«

Da fragt Felix euphorisch: »Herr Lehrer, dürfen wir auch früher kommen?«

Lehrer: »Wer kann mir sagen, warum die Küken aus den Eiern schlüpfen?«

»Weil sie Angst haben, gekocht zu werden«, antwortet Maja.

Lehrer: »Was geschah 1759?«

Schüler: »Da wurde Friedrich Schiller geboren.«

Lehrer: »Gut! Und was war 1762?«

Schüler: »Da wurde Schiller drei Jahre alt.«

Der Lehrer fragt: »Was ist wichtiger: die Sonne oder der Mond?«

Da ruft Victoria: »Der Mond natürlich! Die Sonne scheint, wenn es sowieso hell ist!«

Der Lehrer fragt: »Wie entsteht Tau?«
»Die Erde dreht sich so schnell, dass sie dabei ins
Schwitzen kommt.«

Der Lehrer fragt Alex: »Wenn ich dir von fünf Äpfeln
drei wegnehme, was macht das?«
»Das macht gar nichts, Herr Lehrer, ich esse nämlich
keine Äpfel.«

Lehrer: »Was würdet ihr tun, wenn ihr im Urwald eine
Schlange seht?«
Schüler: »Hinten anstellen!«

Schimpft der Lehrer Schädle, als es nach der Pause wieder
läutet: »Man kann machen, was man will, es gibt immer
welche, die die Letzten sein müssen!«

Der Lehrer von Amselhausen ist der Meinung, dass er für seine Schüler einen Globus braucht. Darum macht er eine Eingabe an den Gemeinderat. Die Gemeinderäte aber sind der Meinung, dass ein Globus ziemlich teuer ist.

»Und überhaupt, was ist das, so ein Globus?«, fragen sie.

»Ein Globus ist eine Kugel, auf der die ganze Welt drauf ist«, erklärt einer.

»Die ganze Welt?«, sagen da die Gemeinderäte. »Was sollen unsere Kinder mit der ganzen Welt! Wir kaufen einen lokalen Globus von Amselhausen und Umgebung. Das muss reichen.«

»Sag mal, Emily«, fragt der Lehrer, »was soll das unter deinem Aufsatz: Alle Rechte vorbehalten, einschließlich Verfilmung und Übersetzung?«

Lehrer: »Jule, wie ist das nur möglich. Du hast vierzehn Fehler auf einer einzigen Seite.«

Schülerin: »Das liegt daran, dass Sie wie verrückt danach suchen.«

»Schrecklich, heute haben wir zwei Stunden Englisch.«

»Reg dich nicht auf, die armen Kinder in England haben den ganzen Tag Englisch.«

Im Deutschunterricht: »Julius, nenne mir bitte die verschiedenen Zeitformen von ›Ich esse!‹«
»Ich esse, ich aß, ich habe gegessen, ich bin satt!«

Der Lehrer fragt im Erdkundeunterricht: »Wie heißen die Einwohner von Barcelona?«
Schüler: »Wie soll ich das wissen – bei fast drei Millionen Einwohnern!?«

Der Lehrer fragt im Biologieunterricht: »Wer kann mir ein anderes Wort für Staubgefäße nennen?«
Schüler: »Mülleimer, Herr Lehrer!«

Der Deutschlehrer fragt Julia: »Was ist das für ein Fall, wenn du sagst: ›Das Lernen macht mir Freude?‹«
Julia überlegt nicht lange: »Ein seltener, Herr Lehrer.«

Der Musiklehrer fragt nach dem ältesten Instrument.
»Die Ziehharmonika«, behauptet Luke. »Sie hat die meisten Falten.«

Im Deutschunterricht will der Lehrer wissen: ›Ich habe zu Abend gegessen‹: Was ist das für eine Zeit?«
»Das wird so zwischen sieben und acht sein«, meint Noah.

»Mads«, fragt der Deutschlehrer, »was meint man mit der inneren Stimme des Menschen?«
»Das Magenknurren?«

Lehrerin: »Sara! Wie kommt es, dass dein Aufsatz über eure Katze identisch mit dem deines Bruders ist?«
Schülerin: »Ganz einfach, Frau Lehrerin, wir haben nur eine Katze zu Hause.«

Der Lehrer fragt: »Wer weiß, wo Bordeaux liegt?«
Timo ruft: »In Papas Weinkeller!«

Warum heißt es in der Schule immer, dass Deutsch unsere Muttersprache ist?

Weil Papa zu Hause sowieso nichts zu sagen hat.

»Nadine, als was würde man Goethe bezeichnen, wenn er heute noch leben würde?«

»Als ältesten Bürger der Welt.«

Lehrerin: »Stella, warum können Fische nicht sprechen?«

Schülerin: »Klarer Fall, Frau Lehrerin! Reden Sie doch mal, wenn Sie den Mund voller Wasser haben.«

Lehrer: »Dekliniere ‚Werwolf‘«

Schüler: »Der Werwolf, des Weswolfs, dem Wemwolf, den Wenwolf ...«

Lehrer: »Kennt einer von euch den Zweck der Eieruhr?«

Da meldet sich Emilia und sagt: »Damit können die Küken beim Ausschlüpfen sehen, wie spät es ist.«

Schüler: »Herr Lehrer! Haben Schlangen eigentlich einen Schwanz?«

Lehrer: »Selbstverständlich, das ist doch das Einzige, was sie haben.«

Der Lehrer erklärt: »Ein Maulwurf isst täglich so viel, wie er wiegt.«

Nina: »Und woher weiß der Maulwurf, wie viel er wiegt?«

Lehrer: »Die Vögel fliegen in Formationen in den Süden.«

Schülerin: »So ein Quatsch. Informationen werden doch heute per E-Mail durchgegeben.«

Lehrer: »Welcher Vogel baut kein Nest?«

Schülerin: »Der Kuckuck.«

Lehrer: »Und warum nicht?«

Schülerin: »Na, weil er in einer Uhr wohnt.«

Lehrer: »Welches Land wurde über Jahrhunderte von Kalifen regiert?«

Schülerin: » Ist doch gar nicht schwer! Das war Kalifornien.«

Die Lehrerin erklärt: »Pilze wachsen an feuchten Stellen im Wald.«

»Aha«, sagt Lio, »deshalb sehen sie auch aus wie Regenschirme!«

Lehrer: »Lukas, bilde einen Satz mit Pferd und Wagen!«

»Das Pferd zieht den Wagen.«

»Gut, und nun die Befehlsform!«

»Hü!«

»Zu welcher Tierart gehört die Biene?«, fragt der Lehrer in der Klasse.

Eva meldet sich: »Zu den Säugetieren, weil sie den Nektar aus den Blüten saugt.«

Die Kinder müssen einen Aufsatz mit mindestens 100
Wörtern schreiben.

Till schreibt Folgendes: »Gestern bin ich mit meinem Vater
in unserem neuen VW gefahren. Da ist uns ein Unfall passiert. Das sind 17 Wörter. Die restlichen 83 Wörter kann
ich nicht schreiben, die hat mein Vater geflucht.«

Diskussion über den gerade gezeigten Schulfilm.

»Also, ihr habt gesehen, wie dem Krater des Vesuvs die
glühende Lava entströmt«, erinnert der Lehrer. »Und doch
ist gerade der vulkanische Boden sehr fruchtbar. Wie
heißt der Wein, der am Fuße des Vesuvs gedeiht? Weiß es
einer von euch?«

Manuel meldet sich. »Glühwein, Herr Lehrer.«

In der Erdkundestunde erklärt der Lehrer: »So viele
Bäche, Flüsse und Ströme fließen ins Meer, und dazu
regnet es auch immer wieder hinein – und dennoch
läuft das Meer nicht über! Woran liegt das?«

Die Klasse schweigt.

Da glaubt Jannick die Lösung zu wissen: »Vielleicht
trinken die Fische so viel!«

Das Aufsatzthema lautet »Was tue ich, wenn ich reich werde?«.
Anna gibt ein leeres Blatt ab.
Der Lehrer fragt: »Anna – da steht nichts drauf. Was soll
denn das?«
»Na, wenn ich mal reich werde, schreibe ich garantiert keine
Aufsätze mehr.«

Die Lehrerin weiht ihre Klasse in die Geheimnisse der
Maße ein: »Es gibt Millimeter, Zentimeter, Dezimeter,
Quadratmeter, Kubikmeter und ...«
»Elfmeter!«, brüllt Damian dazwischen.

Elli steht im Fahrstuhl und wartet. Vor dem Fahrstuhl
steht ein Schild: »Nur für fünf Personen.« Nach drei Stunden
kommen endlich noch vier Personen in den Fahrstuhl dazu.
Als Elli schließlich in ihrer Klasse ankommt, fragt sie die
Lehrerin: »Wieso kommst du eigentlich drei Stunden zu spät?«
Antwortet Jessy: »Am Fahrstuhl stand ein Schild, ›Nur
für fünf Personen‹, und was glauben Sie, wie lange es
gedauert hat, bis noch vier Personen zugestiegen sind?«

Lehrer: »Jemand kauft eine Wurst für 7 Euro 30 und verkauft sie wieder für 6 Euro 70. Hat er nun Verlust gemacht oder Gewinn?«
Schülerin: »Bei den Euros hat er Verlust gemacht, aber bei den Cents hat er gewonnen.«

In der Biologiestunde fragt der Lehrer: »Wie groß ist ein Kamel?«
»Nicht größer als Sie«, antwortet ein Schüler.
»Wie kommst du denn darauf?«, will der Lehrer wissen.
»Meine Mutter sagt immer, ein größeres Kamel als euren Biolehrer gibt es nicht!«

Kai aus der ersten Klasse kann das Rechnen nicht begreifen, obwohl sich der Lehrer schon allerlei Mühe gegeben hat.
»Schau mal, Kai«, setzt er nochmals an. »Ich schenke dir heute zwei Goldhamster, und morgen schenke ich dir wieder zwei – wie viele Goldhamster hast du dann?«
»Fünf«, behauptet Kai.
»Wieso denn fünf?«, stöhnt der Lehrer.
»Einen habe ich selbst daheim«, erklärt Kai.
In der Schule.

Der Lehrer verbessert: »Marie, es heißt nicht, ›das Gras tut wachsen‹, sondern, ›das Gras wächst‹. Es heißt auch nicht, ›die Glocke tut bimmeln‹, sondern, ›die Glocke läutet‹. Habt ihr das verstanden?«

Alle nicken.

Nach einer Weile meldet sich Ina: »Herr Lehrer, mein Bauch weht.«

»Wo, glaubt ihr, wohnt Gott?«, will die Religionslehrerin von ihren Schülern wissen.

»Im Badezimmer«, antwortet Sebastian, ohne zu zögern.

»Ja, wie kommst du denn darauf?«, fragt die Lehrerin verwundert.

»Na, jeden Morgen, wenn mein Vater aufsteht, hämmert er gegen die Badezimmertür und schreit: ›Mein Gott, bist du denn immer noch da drin?‹«

Der Lehrer fragt einen Schüler, was denn Wasserkraft sei.
Ein Junge antwortet: »Wenn ich ein Spielzeug nicht be-
komme, dann weine ich so lange, bis ich es bekomme.
Das ist Wasserkraft!«

Lehrer: »Wie viel ist vier mal vier?«
Schülerin: »Das macht zwölf.«
Lehrer: »Wie wäre es mit sechzehn?«
Schülerin: »Ja, sind wir hier in der Schule oder auf einer
Versteigerung?«

»Früher verbrachten die Frauen ihre Abende mit Spinnen«,
doziert der Lehrer. »Wer kann mir sagen, warum?«
»Weil«, meldet sich Elif, »sie arm waren und sich keine
anderen Haustiere halten konnten!«

»Milch enthält neben anderen Bestandteilen auch Milchfett.
Was bewirkt das?«, fragt der Lehrer.
Lenny meldet sich: »Das Milchfett ist dazu da, dass es beim
Melken nicht so quietscht.«

Der Lehrer erläutert Sprichwörter: »Wer kann mir das alte Sprichwort, ›Ehrlich währt am längsten‹ an einem Beispiel erklären?«

Da antwortet ein Schüler: »Ich weiß es! Wenn ich eine Klassenarbeit abschreibe, bin ich schnell fertig. Wenn ich sie aber selber mache, dann dauert es länger!«

Der Lehrer hat seinen Schülern lange die Begriffe Gegenwart, Vergangenheit und Zukunft erklärt. Zum Schluss fragt er Aaron: »Wenn ich nun sage: Ich bin krank. Was ist das für eine Zeit?«

»Eine sehr schöne Zeit!«

In der Physikstunde erklärt der Lehrer das Prinzip des Magneten: »Wir suchen einen Körper, welcher andere Gegenstände anzieht, Sachen aufhebt und dessen Name mit ›M‹ anfängt. Wer weiß, was gemeint ist?«

Schnell meldet sich Leon: »Das kann nur meine Mutter sein.«

Lehrer: »Als Alexander der Große so alt war wie du, hatte er schon die halbe Welt erobert.«

Schülerin: »Na, kein Wunder, der hatte ja auch Aristoteles als Lehrer.«

»Wenn es das Gesetz der Schwerkraft nicht gäbe, würden wir in der Luft herumfliegen«, erklärt der Lehrer.

»Und wie war das vorher, als es das Gesetz noch nicht gab?«, will Julia wissen.

Im Religionsunterricht versucht der Lehrer, seinen Schülern möglichst simpel und bildhaft zu erklären, was ein Wunder ist. »Wie nennt man eine Handlung, bei der Wasser in Wein verwandelt wird?«, fragt er die Klasse. »Eine Weinhandlung«, lautet die Antwort.

Auf die Lehrer, fertig, los

Ich will nicht in die Schule!«

»Aber du musst in die Schule!«

»Die Schüler mögen mich nicht, die Lehrer hassen mich, der Hausmeister kann mich nicht leiden, und der Busfahrer kann mich nicht ausstehen.«

»Jetzt reiß dich bitte zusammen! Du bist 45 Jahre alt und der Direktor – du musst in die Schule!«

Ein junger Lehrer trifft einen älteren Kollegen, der seit zwei Jahren in Rente ist.

»Sie sehen aber nicht besonders gut aus«, stellt der Jüngere fest.

»Das ist doch gar kein Wunder«, brummt der Rentner, »schließlich habe ich doch jetzt keine Ferien mehr.«

Großer Lärm im Klassenzimmer. Der Rektor kommt ärgerlich in die Klasse, schnappt sich den größten Schreihals und führt ihn ins Rektorat.

Nach einiger Zeit kommen zwei Schüler zu ihm und fragen: »Herr Rektor, können wir bitte unseren Lehrer wiederhaben?«

Lehrer: »Ich habe dich beobachtet! Du hast auf dem Nachhauseweg meinem Hund die Zunge rausgestreckt.«
Schülerin: »Das streite ich nicht ab, aber Ihr Hund hat angefangen.«

Ein Bus, der mit zehn Schülern besetzt ist, hält an der Haltestelle. Elf Personen steigen aus. Drei Lehrer kommentieren das Geschehen.

Der Biologielehrer: »Die müssen sich unterwegs vermehrt haben.«

Der Physiklehrer: »Was soll's, zehn Prozent Messtoleranz müssen drin sein.«

Der Mathematiker: »Wenn jetzt einer einsteigt, ist keiner drin.«

Sagt der Lehrer bei der Mengenlehre: »Also, ich mache jetzt zwei Haufen auf den Tisch.«

Riesengelächter in der Klasse.

»Wenn ihr nicht sofort still seid, kommt noch einer vor die Tür.«

In der Pause streiten sich zwei Jungs.

»Du bist ein Esel!«

»Du bist ein noch größerer Esel!«

Da kommt der Lehrer dazu und sagt: »Ihr habt wohl vergessen, dass ich auch noch da bin!«

Bei einem Ausflug aufs Land.

Lehrer: »Wie viele Schafe haben Sie ungefähr?«

Schäfer: »Genau 5.378 Tiere.«

Lehrer: »Donnerwetter! Woher wissen Sie das so genau? Haben Sie einen Trick beim Zählen?«

Schäfer: »Ja, ich zähle die Beine und teile die Anzahl dann durch vier.«

Zu Hause wird am lautesten gelacht

Der erste Schultag ist überstanden. Zu Hause wird Leon gefragt: »Hast du heute schon was gelernt?«
»Ja«, kommt die knurrige Antwort, »alle anderen bekommen viel mehr Taschengeld als ich.«

Louis fragt: »Papa, bist du als Kind eigentlich immer in die Schule gegangen?«
»Aber natürlich, mein Sohn. Ich habe keinen einzigen Tag ausgelassen!«
»Da siehst du es, Mama, Papa hat es auch nichts genutzt!«

Lina sucht in einem hoffnungslos durcheinandergeratenen Wollknäuel nach dem Anfang.
»Den kannst du lange suchen«, sagt der schlaue Bruder Ben. »Den hab ich abgeschnitten.«

Laura ist im Bad, um die Hände zu waschen.
Da kommt ihre Mutter dazu und sagt: »Das sollen
gewaschene Hände sein?«
Sagt Laura: »Jetzt wart doch erst, bis ich sie
abgetrocknet hab!«

»Du, Papa, das Barometer ist gefallen!«
»Weit?«
»Ja, bis zum Boden.«

»Stellt den Fernseher leiser«, ruft David. »Ihr stört
doch Papa und Opa bei meinen Schularbeiten!«

Sagt Frau Willburg zu ihrem Mann: »Du, ich glaub, wir
erziehen unseren Justus zu streng.«
»Wie kommst du auf so was?«, fragt Herr Willburg.
»Als er neulich gefragt wurde, wie er heißt, da hat er
gesagt: Justuslassdas.«

Heute am Muttertag haben die Kids das Abspülen
übernommen.

»Na«, sagt Mama später. »Habt ihr auch alles gut
hingekriegt?«

»Oh ja. Das war große Klasse«, sagt Lena.

»Ich hab abgewaschen. Niklas hat abgetrocknet.
Und Elias hat die Scherben aufgekehrt.«

»Du, Lea, warum hast du deinen Teddybären in den
Tiefkühlschrank gelegt?«

»Weißt du, ich hätte so gerne einen Eisbären.«

»Man hält die Hand vor das Gesicht, wenn man niesen
muss«, belehrt Tante Gunda streng.

»Hab ich schon versucht«, antwortet Theo. »Ich habe aber
doch niesen müssen.«

Jonas ist krank.

»Was tut dir denn weh?«, fragt Mama.

Jonas denkt nach.

»Der ganze Jonas tut weh«, sagt er schließlich.

»Sagen Sie, Frau Mittermeier. Ihre Zwillinge sind sich doch
so ähnlich. Wie halten Sie die auseinander?«
»Ganz einfach. Der eine heißt Max und der andere Moritz.«

»Was wirst du deiner Schwester zum Geburtstag schenken?«
»Ich glaube, ich werde ihr diesmal nichts schenken.«
»Nichts? Aber das hat sie doch schon.«

»Warum schreit euer Baby so?«
»Es kriegt Zähne.«
»Und? Will es keine?«

Amelie lebt auf großem Fuß und ist immer knapp bei Kasse.
»Wenn du mit deinem Taschengeld auskommen willst«,
predigt ihr Papa, »dann musst du schon auf dem Teppich
bleiben.«
»Oh ja«, sagt Amelie. »Aber wo bekommen wir jetzt gleich
einen hübschen Teppich her?«

»Schau her, jetzt hab ich schon wieder ein graues Haar
gekriegt. Das kommt nur, weil du immer so frech bist«,
sagt Mama.
»Aha«, meint Nele. »Wenn ich da die Oma anschaue, wie frech
musst du einmal gewesen sein!«

Mats hat mit seiner Schwester Ida einen großen Streit
gehabt. Darum herrscht momentan totale Funkstille
zwischen den beiden. Abends legt er daher einen Zettel
auf den Küchentisch.
Darauf steht: »Ida, weckst du mich bitte um 7 Uhr?«
Und als er am nächsten Tag um zehn Uhr wach wird,
findet er auf dem Nachttisch einen Zettel: »Es ist jetzt
sieben Uhr. Aufstehen!«

Papa und Henry sind im Naturkundemuseum. Sie stehen vor einem ausgestopften Vogel.

Papa sagt: »Das ist ein Flamingo, ein Vogel, der ausgestorben ist.«

»Aber Paps«, sagt Henry, »der Flamingo ist doch nicht ausgestorben. Den kannst du in der Savanne haufenweise sehen.«

»Doch«, beharrt Papa. »Aber genau dieser hier ist ausgestorben. Das sieht man doch.«

»Warum lässt Opa den ganzen Tag seinen Schlafanzug an?«

»Weil er in der Zeitung gelesen hat, dass eine Grippewelle im Anzug ist.«

Lennard nervt heute wieder einmal ganz gewaltig.

»Weißt du was«, sagt sein Bruder Nico. »Wir spielen jetzt Verstecken. Du verschwindest unter dem Sofa, und wir anderen, wir suchen dich.« Einverstanden. Lennard kriecht unter das Sofa.

Und nach einer Stunde kommt Niko und sagt: »Du kannst wieder hochkommen. Wir haben dich nicht gfunden.«

»Du, Papa, die Hausaufgaben, die du mir gestern ausgerechnet hast, waren alle falsch«, sagt Juna.
»Oh, das tut mir aber sehr leid«, sagt der Papa schuldbewusst.
»Mach dir nichts draus«, tröstet Juna. »Die anderen Väter unserer Klasse sind auch nicht besser. Ihr habt es alle falsch gehabt.«

»Ist dein Bruder nett?«, wird Frieda gefragt.
»Ach ja, es geht, nur kann er nicht Gitarre spielen.«
»Das ist aber doch nicht schlimm.«
»Aber er spielt fast pausenlos.«

»Schnarcht dein Bruder immer so?«
»Nein, nur wenn er schläft.«

Die Eltern sind im Theater, und Tante Susanne passt auf Maja und das kleine Baby auf. Das wäre nicht weiter schlimm, wenn das Baby nicht ununterbrochen schreien würde wie eine Sirene.

»Das werden wir gleich haben«, sagt Tante Susanne. »Ich singe jetzt dem Baby ganz viele Lieder vor.« Und wirklich, es funktioniert. Solange die Tante singt, hält das Baby den Mund.

Aber nach einiger Zeit meint Maja: »Du, Tante, wäre es nicht vielleicht doch besser, wenn wir das Baby wieder schreien lassen würden?«

Pia streitet mit ihrem Bruder Matteo.

»Und weißt du auch«, sagt sie, »warum du überhaupt einen Kopf hast? Du hast deinen Kopf nur deshalb, damit du das Stroh nicht in der Hand rumtragen musst!«

Wütend ruft der Vater beim Hausbesitzer an: »Bei uns regnet es schon seit Tagen in die Wohnung. Wie lange soll das noch so weitergehen?«

»Was fragen Sie da mich? Da müssen sie bei der Wetterwarte anrufen«, sagt Herr Drösl, der Hausbesitzer.

Jonathan pfeift die ganze Zeit das gleiche Lied.

»Jetzt hör endlich mit diesem blöden Gepfeife auf«,
schimpft seine Schwester.

»Ich höre mit dem Pfeifen auf, wenn das Lied zu Ende ist«,
sagt Jonathan.

»Und wann ist es zu Ende?«

»Es hat 46 Strophen. Dann ist es zu Ende.«

»Lukas, warum kommst du nicht?«, schimpft Mama.

»Ich hab nicht gehört, dass du gerufen hast«, verteidigt
sich Lukas.

»Fünfmal hab ich gerufen!«, sagt Mama.

»Nein, nur dreimal«, erwidert Lukas siegesgewiss.

»Frau Kätzler, das geht nicht. Da sitzen zwei von Ihren
Kindern in meinem Birnbaum und essen mir mein Obst
weg!«, schimpft Frau Meisberger.

»Das ist ja schlimm«, meint Frau Kätzler. »Und wo haben die
beiden wieder unseren Kleinsten gelassen?«

Die Meiers haben Zwillinge bekommen. Als die Mutter
heimkommt, wird sie von Anna begrüßt.

»Ich habe der Lehrerin von einem neuen Bruder erzählt
und habe drei Stunden freibekommen!«, jubelt sie.

»Warum hast du denn nicht gesagt, dass es zwei sind?«, will
die Mutter wissen.

»Ich bin doch nicht blöd«, ruft Anna, »den anderen hebe
ich mir für nächste Woche auf!«

»Gestern ist meine große Schwester in der Badewanne eingeschlafen, ohne das Wasser abzustellen«, erzählt Oskar
der Lehrerin in der Schule.

»Du liebe Güte«, ruft die Lehrerin, »das hat sicher eine
Überschwemmung gegeben?«

»Nein, es war nicht so schlimm«, erklärt er ihr, »denn meine
Schwester schläft zum Glück immer mit offenem Mund …
Ist aber nichts passiert.«

Eines Tages ist der Fernseher kaputt. Kein Ton mehr, kein
Bild, nichts. Irritiert sieht sich der Vater im Zimmer um
und sagt ganz erstaunt: »Mein Gott, Kind, was bist du groß
geworden!«

Der Nachbar fragt: »Na, Milan, magst du deine kleine Schwester?«

»Ach was«, sagt Milan. »Die darf alles, alles dreht sich nur um sie. Wenn ich an meinen Fingernägeln kaue, heißt es gleich: Lass das bleiben. Aber wenn sie sich den ganzen Fuß in den Mund steckt, das finden dann alle süß!«

Am Frühstückstisch. »Na, Anton, möchtest du lieber einen Bruder oder eine Schwester haben?«, will die Mutter von ihrem Sohn wissen. »Weißt du, Mama, lass doch erst mal den Prospekt kommen, damit wir uns die Modelle ansehen können!«

Die Mutter fleht ihren Sohn an: »Streng dich doch endlich einmal etwas mehr an!«

Darauf Nils: »Ich will mich nicht anstrengen. Ich möchte nicht klug und auch nicht schön werden. Ich will genauso werden wie Papa.«

Schülerin: »Unser Lehrer ist vielleicht doof. Der weiß nicht einmal, wie ein Pferd aussieht.«

Vater: »Übertreibst du da nicht ein wenig?«

Schülerin: »Nein, bestimmt nicht! Gestern in der Zeichen-stunde habe ich ein Pferd gemalt, und da hat er mich gefragt, was das sein soll.«

Der Vater stellt Scherzfragen: »Jeder muss zwei Fragen beantworten. Wer die erste weiß, dem ist die zweite erlas-sen. Also, Mia: Wie viel Stacheln hat ein Igel?«

»Fünfundzwanzigtausenddreihundertvier.«

»Woher weißt du denn das?«, fragt der Vater verblüfft.

»Das ist schon die zweite Frage.«

Sarah will ihrem Bruder den Appetit verderben. Da ruft sie: »Huch, Daniel, im Suppentopf schwimmt eine tote Fliege!«

Daniel lässt sich aber nicht beeindrucken: »Quatsch, eine tote Fliege kann gar nicht mehr schwimmen!«

»Die langen Haare sind ab!«, jubelt Sophia. »Mit meinen kurz geschnittenen Haaren brauche ich mich jetzt morgens nicht mehr so lange zu kämmen.«

Meint der kleine Bruder: »Dafür musst du aber deinen Hals waschen. Das kommt auf das Gleiche hinaus.«

Maximilian kommt voller Dreck und übel riechend nach Hause.

»Wo hast du dich denn so schmutzig gemacht?«, fragt ihn die Mutter voller Entsetzen.

»Ich bin ins Gras gefallen.«

»Aber so sieht doch kein Gras aus.«

»Es war ja auch Gras, das die Kuh schon gefressen hatte«, klärt Maximilian auf.

Die kleine Luisa hat zugesehen, wie sich ihre Mutter Dauerwellen ins Haar gemacht hat. Am Abend streichelt sie ihrem Papa liebevoll über die Glatze und meint: »Papa, du hast keine Wellen. Bei dir ist alles Strand!«

Liam wünscht sich zum Geburtstag eine Trompete. Der
Vater will nichts davon wissen: »Meinst du, ich will mir
den ganzen Tag den Krach anhören?«
»Nein, Paps« erklärt Liam verständnisvoll, »ich verspreche
dir, dass ich nur trompete, wenn du schläfst.«

Der Nachwuchs ist da, aber Nico kann sich mit dem
Geschrei des neuen Geschwisterchens nicht abfinden.
»Ist das wahr«, erkundigt er sich, »dass meine Schwester
vom Himmel gefallen ist?«
»Sicherlich«, antwortet seine Mama.
»Das glaube ich nicht«, sagt Nico. »Die Engel haben es
sicherlich hinausgeworfen, weil sie den Krach nicht
vertragen konnten.«

Beim Essen ermahnt die Mutter ihre Tochter: »Elif, du
sollst nicht immer die Ellenbogen auf den Tisch stützen!«
»Papa tut das auch!«
»Der ist alt genug, der darf das!«
»Ich übe ja auch noch«, meint Elif.

Vor Entsetzen kreischend stürzt Lilly in das Schlafzimmer ihres Bruders: »Komm schnell, unter meinem Bett quietscht eine Maus!«
»Und was soll ich da?«, gähnt Leo. »Soll ich sie vielleicht ölen?«

Seine große Schwester meckert mit Mattis: »Wenn du jetzt noch ein Stück Kuchen isst, wirst du platzen!«
»In Ordnung«, sagt Mattis, »gib den Kuchen her und geh in Deckung!«

»Wie hat denn Mama heute Morgen gemerkt, dass du dich nicht gewaschen hast?«, will Thilo wissen.
Madita erklärt ihm, was das Problem war: »Ich habe vergessen, die Seife nass zu machen.«

Julian will seinem Opa zum Geburtstag eine Kleinigkeit kaufen. Er geht in ein Spielwarengeschäft und fragt die Verkäuferin: »Haben Sie etwas für einen aufgeweckten 70-Jährigen?«

Oskar kommt ziemlich schmutzig und ramponiert vom Spielen nach Hause.

Noch bevor ihn sein Vater sieht, ruft er: »Papa! Wenn ich von einem Baum fallen würde, was wäre dir dann lieber: dass ich mir ein Bein breche oder dass mir bloß die Hose reißt?«

»Frag doch nicht so was«, sagt der Vater. »Natürlich wäre mir lieber, wenn du nur die Hose zerrissen hättest.«

»Das ist aber witzig«, ruft Oskar, »genau das ist nämlich passiert.«

Philipp hat am Morgen Bauchweh und kann nicht in die Schule gehen. Am Nachmittag wollen seine Eltern ins Schwimmbad, Jayden möchte natürlich gern mit.

»Nein«, sagt sein Vater, »ich denke, du hast Bauchweh.«

»Macht nichts«, widerspricht Philipp, »ich kann doch auf dem Rücken schwimmen.«

Leonie soll den großen Wohnzimmerteppich ausklopfen.

»Du musst stärker klopfen!«, ruft die Mutter ihr vom Fenster aus zu.

»Geht nicht«, ruft Leonie zurück, »dann staubt es!«

Lotta kommt nach Hause. Ordentlich, wie sie ist, tritt sie sich die Füße vor der Tür ab.

Im Haus fragt sie ihre Mama: »Hast du eine neue Fußmatte gekauft?«

Ihre Mutter antwortet: »Nein, aber ich habe den Streuselkuchen zum Abkühlen vor die Tür gestellt.«

Bei Tisch stellt Erik dem Vater ständig Fragen: »Du, Papa, warum ...«

Der Vater antwortet darauf immer mit: »Weiß ich nicht, mein Sohn.«

Nach fünf Minuten sagt die Mutter zu Erik: »Frag Papa doch nicht immer so merkwürdige Sachen!«

Daraufhin der Vater: »Lass ihn doch, sonst lernt er ja nichts!«

Die Mutter sagt zu ihrem Kind: »So, jetzt lernen wir gleich mal das Alphabet. Wenn du dann in die Schule kommst und es schon kannst, bist du klüger als alle anderen. Also, fangen wir gleich mal an. Was kommt zum Beispiel nach, I?«

»Gitt.«

»Warum muss ich mir die Hände waschen?«, mault Linus.
»Ich will doch sowieso nur Schwarzbrot essen.«

Johanna: »Ich bekomme einen Bruder.«
Lehrerin: »Woher weißt du das denn so genau?«
Johanna: »Das ist doch ganz einfach. Das letzte Mal, als
meine Mama ins Krankenhaus musste, habe ich eine
Schwester bekommen. Und diesmal musste mein Papa ins
Krankenhaus.«

Das Telefon klingelt bei der Lehrerin.
Stimme aus dem Hörer: »Ich wollte Ihnen mitteilen, dass
Hendrik heute nicht zum Unterricht kommen kann. Er hat
sich erkältet.«
Lehrerin: »Und wer ist am Apparat?«
Stimme: »Mein Vater!«

Alina steht auf einer Brücke und weint. Ein Fußgänger kommt vorbei und fragt sie, was denn los sei.
»Ach, da waren diese Typen, die haben mein Schulbrot in den Fluss geworfen.«
»War es mit Absicht?«
»Nein, mit Käse.«

Pauline kommt nach dem ersten Schultag nach Hause.
»Nun«, will die Mutter wissen, »ist alles gut gegangen?«
»Anscheinend nicht«, meint Pauline. »Ich muss wohl morgen noch mal hin.«

Die Tochter beobachtet ihren Vater aufmerksam. Dann dreht sie sich plötzlich um, rennt in die Küche und quietscht dabei: »Ich kenne Papas Internet-Passwort! Ich kenne Papas Internet-Passwort!«
»Wie lautet es denn?«, fragt ihre Schwester neugierig.
Stolz antwortet die Kleine: »Sternchen, Sternchen, Sternchen, Sternchen, Sternchen, Sternchen, Sternchen, Sternchen!«

Tim und Tom liegen morgens noch lange im Bett.
Plötzlich meint Tim ganz leise zu Tom: »Du, ich glaube,
wenn Papa uns nicht bald weckt, dann kommen wir noch
zu spät in die Schule.«

Herr Bernmeister sitzt vor dem Fernseher. Sein Sohn tippt
ihm auf die Schulter und fragt: »Kannst du mir mal helfen,
Papa? Ich muss den kleinsten gemeinsamen Nenner finden.«
»Haben sie den immer noch nicht gefunden? Den haben sie
doch schon zu meiner Schulzeit gesucht!«

Marlene hat mit ihrer Schulklasse eine England-Reise
gemacht.
»Und, hattet ihr Schwierigkeiten mit euren Englisch-
Kenntnissen?«, will die Oma wissen.
»Wir nicht«, antwortet Marlene, »aber die Engländer!«

»Ich werde dir das mal erklären«, sagt die Mutter zu ihrer Tochter.

»Das mit der Elektrizität ist so: Wenn du zum Beispiel einer Katze gegen das Fell streichst, dann richten sich ihre Fellhaare auf. Das ist Elektrizität.«

»Alles klar, Mama.« Kleine Pause. »Mama?«

»Ja?«

»Wo kriegt denn das Elektrizitätswerk die vielen Katzen her?«

Die kleine Lisa schiebt einen Stuhl an die Anrichte, klettert drauf, greift zum Telefonhörer und wählt.

»Ist da der Gemüsemann?«, sagt sie, als sich am anderen Ende eine Stimme meldet.

»Ja.«

»Meine Mutter kommt gleich zu Ihnen. Sagen Sie ihr, Sie haben keinen Spinat mehr.«

Hannes schaut mit seiner Mama zusammen alte Familien-
fotos an.

Auf einmal fragt er: »Du, Mama, wer ist denn der schöne
Mann mit den vielen Locken und dem kleinen Bart?«

Verdutzt schaut ihn die Mama an und antwortet: »Aber
das ist doch der Papa!«

»So«, sagt der Junge nach einer Weile. »Das ist der Papa.
Und wer ist der dicke Mann mit der Glatze, der bei uns
wohnt?«

Mika kommt in die benachbarte Bäckerei und möchte eine
Flasche Himbeersaft.

»Das hier ist eine Bäckerei«, weist ihn der Verkäufer
zurecht.

»Aber mein Vater sagt immer, das hier sei ein Saftladen!«,
beharrt Mika.

Die Mutter hat jedem einen Waschlappen mit dem passen-
den Sternzeichen gekauft.

Als Vater abends ins Zimmer kommt, fragt ihn die vier-
jährige Isabella: »Papa, was bist du für ein Waschlappen?«

Die Lehrerin möchte wissen: »Wer von euch kann mir das lustigste Tier nennen?«

Joel springt auf: »Das Pferd.«

»Na, wie kommst du denn gerade auf das Pferd?«

»Es veräppelt doch die ganze Straße!«

»Heute hab ich alles über die Entfernung des Mondes gelernt«, erklärt Paula auf dem Nachhauseweg einer Freundin aus einer anderen Klasse.

»Toll«, sagt das andere Mädchen. »Und, wie entfernt man ihn?«

Zwei Jungen unterhalten sich.

Fragt der eine: »Weißt du, warum Amerika nicht die gleiche Uhrzeit hat wie wir?«

»Natürlich, Amerika wurde doch viel später entdeckt!«

Finn ist noch klein und sein größerer Bruder Lasse nimmt ihn immer mit.

Einmal kommen sie in ein Gewitter, und es blitzt.

Da klatscht Finn plötzlich in die Hände: »Guck mal, Lasse, der Himmel hat gerade ein Foto von uns gemacht!«

»Du, Papa, wie heißt eigentlich der Hühnervater?«, will Tara
wissen.

»Den nennt man Hahn.«

»Und eine Hühnermutter?«

»Die heißt Henne.«

»Und ein Hühnerkind?«

»Küken.«

»Komisch, es gibt also überhaupt kein Huhn, das Huhn
heißt.«

Frau Radke unterrichtet ihre jüngste Tochter Sofia.

Sie deutet auf etwas in ihrem Buch und sagt: »Also, Sofia,
was ist das da?«

»Ja, weißt du denn das nicht, Mama?«, fragt Sofia.

»Aber natürlich weiß ich es. Ich möchte aber wissen, ob du
es auch weißt.«

»Ja, sicher«, sagt Sofia, »ich weiß es auch.«

»Na gut, dann sag es mir doch.«

»Wozu denn, Mama«, sagt Sofia. »Du weißt es, ich weiß es,
wozu also noch drüber reden?«

Jasper hat irgendwo seinen Regenschirm stehen lassen.
»Wann hast du denn deinen Regenschirm vermisst?«,
erkundigt sich die Mutter.
»Das war«, antwortet Jasper nach scharfem Nachdenken,
»als ich ihn zumachen wollte, weil es zu regnen aufhörte.«

Elisa macht zum ersten Mal die Bekanntschaft mit Nebel.
Ganz entsetzt kommt sie ins Haus und ruft: »Mama, komm
mal schnell mit nach draußen, die ganze Luft ist ver-
schimmelt.«

»Mama, ist denn nicht bald Mittag?«, ruft Toni durch die
offene Küchentür.
»Das ist noch fast eine Stunde hin«, antwortet die Mutter.
»Na, so was!«, wundert sich Toni. »Da geht mein Magen heute
ganz schön vor!«

Wenn ich groß bin, werde ich ...
in jedem Fall fröhlich

Der Bildhauer meißelt einen Löwen.

Vincent sieht ihm zu, und voller Bewunderung fragt er:

»Ist das eigentlich schwierig, so einen Löwen zu meißeln?«

»Überhaupt nicht«, sagt der Bildhauer. »Du nimmst einfach einen Meißel, stellst dich vor den Stein und haust alles weg, was nicht wie ein Löwe aussieht.«

»Wie geht's in eurem Geschäft?«

»Wir suchen einen Kassierer.«

»Aber ihr hattet doch einen.«

»Ja. Und genau den suchen wir.«

»Der Chef ist heute miserabler Laune. Den können Sie nicht sprechen«, sagt die Angestellte.

»Und wann ist er gewöhnlich besserer Laune?«, erkundigt sich der Besucher.

»Das weiß ich noch nicht. Ich bin erst drei Jahre in dieser Firma.«

Ein optimistischer Fensterputzer fällt aus dem zweiund-
achtzigsten Stockwerk eines Wolkenkratzers. Was sagt er,
als er am vierzigsten Stockwerk vorbeikommt?
»Bis jetzt ist alles gutgegangen.«

»Ich habe eine gute und eine schlechte Nachricht für
euch«, sagt der Chef zu seinen Leuten. »Erst einmal die
schlechte Nachricht«, fährt er fort. »Ihr müsst in den
nächsten Tagen einen zweihundert Meter langen Graben
schaufeln. Und jetzt die gute Nachricht: Schaufeln sind
genug vorhanden.«

In Amerika haben sie jetzt einen völlig schmerzlosen
Bohrer für Zahnärzte erfunden. Der Bohrer steht
absolut still. Aber dafür dreht sich der Stuhl mit
zehntausend Umdrehungen in der Sekunde.

»Wie viele Leute arbeiten in eurem Betrieb?«
»Mit dem Meister sind es einundzwanzig.«
»Ohne den Meister also zwanzig.«
»Nein, ohne den Meister arbeitet überhaupt niemand.«

Ein bekannter Posaunist hat versehentlich gleich zwei Engagements angenommen, eines bei den Philharmonikern und eines beim städtischen Orchester. Einen Job muss er nun also abgeben.

Er fragt seinen Hausmeister: »Sagen Sie mal, können Sie mich am Sonntag im städtischen Orchester mit der Posaune vertreten?«

»Wie, ich? Ich kann doch gar nicht Posaune spielen.«

»Das ist gar nicht schlimm, da sitzen noch fünf andere Posaunisten, machen Sie einfach das nach, was die auch machen.«

Der Hausmeister lässt sich überreden. Montags treffen sie sich wieder. »Na, wie war es?«, fragt der Posaunist.

»Hat alles funktioniert bei der Aufführung?«

»Von wegen«, antwortet der Hausmeister, »die anderen fünf waren auch allesamt Hausmeister!«

Erzählt ein Landwirt seinem Freund: »Stell dir vor, letztens bin ich mit meinem Trecker in eine Radarfalle gefahren!«

Fragt der Freund: »Und, hat's geblitzt?«

»Nein, es hat gescheppert.«

Auf einem kleinen Flughafen hören die Passagiere mit
gemischten Gefühlen, wie der Pilot ruft: »Ich fliege mit
der Kiste erst, wenn die Motoren ausgetauscht sind.«
Eine Viertelstunde später startet die Maschine.
»Was, so schnell sind die Motoren ausgewechselt worden?«,
fragt ein Passagier die Stewardess.
»Die Motoren nicht, aber der Pilot!«

Der Fernsehtechniker vom Eildienst klagt seinen Bekannten sein Leid: »Vorhin rief mich ein Rentnerehepaar. Drei
Stunden habe ich geschuftet, und was war los? Die beiden
hatten bloß ihre Brillen vertauscht!«

Ein Fabrikant zu seinem Kollegen: »Glauben Sie eigentlich
an die Wirksamkeit von Inseraten?«
»Und ob! Kürzlich inserierte ich: ›Suche dringend einen
Nachtwächter‹. Prompt wurde in der gleichen Nacht meine
Fabrik ausgeplündert!«

Ein neu eingestellter Straßenarbeiter hat den Auftrag, die Leitplanke am Straßenrand zu streichen. Am ersten Tag schafft er 100 Meter, am zweiten 50 Meter und am dritten noch 20 Meter. Auf die Nachfrage seines Chefs, warum er jeden Tag weniger schafft, antwortet er: »Aber schauen Sie doch mal, wie weit mein Farbeimer weg ist!«

Der Sekretär meckert: »Wir haben einfach keinen Platz mehr in den Büros. Sollen wir nicht die uralten Zeugnisse und Akten vernichten? Da sind ja noch Unterlagen von 1910 dabei.«
Die Direktorin antwortet: »Gute Idee, aber machen Sie vorher von allem eine Kopie.«

Der Dachdecker trommelt seine Leute zusammen:
»Wir müssen einen 50 Meter hohen Schornstein bauen.«
Die Handwerker spucken in die Hände und legen los.
Als sie die Höhe von 45 Metern geschafft haben,
taucht plötzlich der Dachdecker wieder auf und brüllt:
»Kommando zurück! Ich hab den Plan verkehrt herum gehalten. Es sollte ein Brunnen werden, Leute.«

Lachen, bis der Arzt kommt

Matze liegt mit eingegipstem Arm im Krankenhaus.
Er fragt den Arzt: »Werde ich später mit meiner Hand
wirklich alles machen können?«
»Aber natürlich!«
»Kann ich dann zum Beispiel auch Klavier spielen?«
»Klar!«
»Klasse, Herr Doktor! Das wollte ich schon immer mal
können!«

Ein Mann verlangt in einer Apotheke ein Präparat gegen
Durchfall. Die Apothekerin verkauft ihm etwas. Als der
Mann die Apotheke verlassen hat, stellt die Apothekerin
entsetzt fest, dass sie ihm statt eines Mittels gegen Durchfall ein Beruhigungsmittel verkauft hat.
Am nächsten Tag betritt der Mann wieder die Apotheke.
Die Apothekerin erkennt den Mann sofort und entschuldigt sich ausdrücklich für das Missgeschick, welches ihr
passiert sei.
»Ach, nicht so schlimm«, antwortet der Mann. »Ich mache
mir zwar immer noch in die Hosen, aber es regt mich jetzt
nicht mehr auf!«

Nora kommt wieder einmal zu Doktor Pfannenstiel und
jammert, dass sie so schrecklich Kopfweh hat und wie
lange sie schon Kopfweh hat und wann es anfängt und
wann es wieder aufhört.

So geht das zwei Stunden.

Dann plötzlich sagt sie: »Sie haben mir geholfen, Herr
Doktor. Jetzt ist mein Kopfweh verschwunden.«

»Nein«, sagt Doktor Pfannenstiel. »Ihr Kopfweh ist nicht
verschwunden. Ihr Kopfweh hab jetzt ich.«

Sagt der Chefarzt zur neuen Krankenschwester: »Haben
Sie dem Patienten auf Zimmer 12 das Blut abgenommen?«

»Ja«, sagt die neue Krankenschwester. »Aber mehr als
sechs Liter habe ich nicht aus ihm herausgekriegt.«

Fragt der Apotheker: »Und, was möchtest du?«

»Ein Hustenmittel«, gibt Lio zur Antwort.

»Aha, und welches soll es sein? Da gibt es viele.«

»Warten Sie«, sagt Lio, »ich huste Ihnen mal was vor, und
Sie sagen mir dann, welches Mittel am besten zu meinem
Husten passt.«

»Du«, fragt Jannis Dennis, »was macht dein Vater eigentlich?«

»Mein Vater ist krank«, sagt Jannis.

»Nein, ich mein, was dein Vater macht?«

»Er hustet und schnäuzt.«

»Du verstehst mich nicht. Was macht dein Vater, wenn er nicht krank ist?«

»Dann ist er gesund.«

»Okay. Und was macht er, wenn er gesund ist?«

»Dann hustet und schnäuzt er nicht mehr.«

Herr Kalupke läutet mitten in der Nacht bei der Nofall-apotheke.

Der Apotheker kommt endlich und fragt: »Was soll's sein?«

»Lakritzbonbons«, sagt Kalupke.

Da wird der Apotheker sauer: »Deshalb läuten Sie mich aus dem Schlaf? So eine Kleinigkeit hätten Sie doch auch morgen holen können!«

»Da haben Sie recht«, sagt Kalupke und ist schon im Dunkeln verschwunden.

»Mit dieser Medizin können Sie schlafen wie ein Stein. Aber Sie müssen sie regelmäßig nehmen!«, sagt Doktor Pfannenstiel.

»Und wie oft muss ich sie nehmen?«, fragt Herr Mausmeier.

»Alle zwei Stunden – bei Tag und Nacht«, sagt der Doktor.

Treffen sich zwei Bazillen.

Sagt die eine: »Du liebe Zeit, wie siehst du denn aus! Fühlst du dich nicht gut?«

»Hundsmiserabel sogar«, sagt die andere. »Ich muss irgendwo Penicillin erwischt haben.«

Benni hat grauenhafte Noten. Der Schularzt soll die Ursache herausbekommen.

»Vielleicht hat Ihr Sohn zu wenig Schlaf?«, fragt der Schularzt die Frau Müller. »Wie lange schläft er denn täglich?«

»So sechs bis sieben Stunden«, sagt Frau Müller.

»Das ist entschieden zu wenig für sein Alter«, meint der Arzt.

»Ja. Aber nachts schläft er auch noch seine zehn bis zwölf Stunden«, sagt Frau Müller.

»Meine Erkältung war viel, viel schlimmer als die von Ella«, behauptet Timo.

»Wieso?«

»Ich hatte meine Erkältung genau in den Ferien.«

»Lieber Herr Doktor, Sie müssen mich unbedingt krank-schreiben«, bettelt Alexa.

»Ja, aber, was fehlt dir denn?«

»Ein paar Tage schulfrei.«

Ein Arzt stellt mitten in der Nacht fest, dass sein Keller unter Wasser steht. Sofort ruft er einen Klempner an. Dieser weigert sich allerdings, zu dieser späten Stunde noch zu kommen.

Daraufhin ist der Arzt aufgebracht und erklärt, dass er auch mitten in der Nacht kommen muss, wenn er zu einem Notfall gerufen wird. Eine Viertelstunde später ist der Klempner da. Gemeinsam mit dem Arzt betritt er die Kellertreppe, die bereits zur Hälfte unter Wasser steht. Der Klempner öffnet seine Tasche, holt zwei Dichtungs-ringe heraus, wirft diese ins Wasser und sagt: »Wenn es bis morgen nicht besser ist, rufen Sie wieder an.«

»Lesen Sie mal die Zahlen da vor!«, sagt der Augenarzt zu einem Patienten.

»Welche Zahlen?«, entgegnet der Patient.

»Na, die an der Tafel da.«

»Welche Tafel?«

»Die an der Wand hängt!«

»Welche Wand?«

»Mein Herr, Sie brauchen keine Brille, Sie brauchen einen Blindenhund«, folgert der Augenarzt.

»Was soll ich denn mit einem blinden Hund?«, fragt der Patient verwirrt.

»Jetzt hat mir der Doktor mein Rheuma restlos kuriert«, erzählt Herr Mulemann strahlend seiner Frau.

»Was sagst du da?«, fragt Frau Mulemann entsetzt.

»Restlos kuriert?«

»Ja. Restlos.«

»Ist der denn wahnsinnig. Woher sollen wir in Zukunft wissen, wie das Wetter wird?«

»Stell dir vor, bei der Operation letzten Monat hat der Chirurg doch glatt einen Schwamm in meinem Bauch vergessen!«

»Hattest du große Schmerzen?«

»Das nicht, aber dauernd Durst!«

Der Herr Doktor will ein neues Bild aufhängen. Zuerst schlägt er sich mit dem Hammer auf den Daumen, schließlich fällt er mit dem Stuhl um. Nach einer Weile fragt der Sohn des Arztes seine Mutter: »Du, Mutti, warum nennt man Papi eigentlich einen ›praktischen Arzt‹?«

Ein Arzt studiert im Restaurant die Speisekarte. Der Ober will ihm bei der Auswahl behilflich sein: »Ich habe gepökelte Zunge, gedämpftes Hirn, Froschschenkel und saure Nieren!«

»Gut«, sagt der Arzt, »dann kommen Sie am besten gleich in meine Sprechstunde, ich will nur schnell etwas essen!«

»Herr Doktor, ich glaube, ich bin unsichtbar.«

»Wer spricht da?«

Milos soll in der Apotheke Tropfen für seine Oma holen.
Der Apotheker kommt mit dem Zeug und sagt: »Aber
jedes Mal vor Gebrauch kräftig durchschütteln!«
»Klar, machen wir«, sagt Milo. »Aber ob sich Oma das auf
die Dauer gefallen lässt?«

☆

Chris liegt im Krankenhaus. Da läutet das Telefon neben
seinem Bett. Es ist Martin, sein Klassenkamerad.
»Ich höre, du liegst in der Klinik«, sagt Martin.
»Ja, leider«, sagt Chris.
»Und, wie geht's?«
»Na ja, es geht.«
»Das Essen?«
»Ja, auch ganz gut.«
»Siehst du«, tröstet Martin. »Das Ganze ist doch kein
Beinbruch. Was fehlt dir überhaupt?«
»Beinbruch«, sagt Chris.

Hände hoch oder gleich kichern!

Drei Männer stehen vor dem Richter.

»Was haben Sie gemacht?«, fragt der Richter den ersten Mann.

»Ich habe den Stock in den Fluss geworfen.«

»Das ist nicht verboten«, urteilt der Richter. Also folgt ein Freispruch.

»Und warum sind Sie hier?«, fragt er den zweiten.

»Weil ich geholfen habe, den Stock in den Fluss zu werfen.«

»Das ist erst recht nicht verboten«, sagt der Richter. Wieder gibt es einen Freispruch.

»Und Sie?«, fragt er den dritten.

»Ich bin Emil Stock!«

Fahrzeugkontrolle. »Ihr linkes Rücklicht brennt nicht«, belehrt der Polizist den Lastwagenfahrer.

Der steigt aus, geht nach hinten und bleibt fassungslos bei seinem Fahrzeug stehen.

»Sehen Sie, es funktioniert nicht«, wiederholt der Beamte freundlich.

»Vergessen Sie das Rücklicht«, ranzt ihn der LKW-Fahrer an.

»Sagen Sie mir lieber, wo mein Anhänger geblieben ist.«

»Du hast hier soeben dieses Papier auf die Straße geworfen«, schimpft der Mann vom Ordnungsamt. »Das kostet zehn Euro Strafe wegen Umweltverschmutzung!«

Amar zahlt brav seine Strafe und kriegt dafür eine schöne Quittung ausgestellt.

»Was soll ich mit diesem Papier?«, fragt er den Beamten.

»Das kannst du wegwerfen«, sagt dieser.

Kommt ein Mann auf die Polizeiinspektion und ist ganz aufgelöst.

»Was kann ich für Sie tun?«, fragt der Polizist.

»Helfen Sie mir, Herr Wachtmeister!«, sagt der Mann. »Ich habe alles vergessen, alles, meinen Namen und so weiter.«

»Schon gut«, sagt der Polizist, holt ein Formular raus und sagt: »Alles schön der Reihe nach. Zuerst einmal: Wie heißen Sie?«

Muss ein Skelett zur Polizei.

»Sie können mir nichts vormachen«, sagt Kommissar Schnatzke. »Ich durchschaue Sie. Und zwar durch und durch!«

Der Chef ruft den Kommissar Knieweich zu sich.

»Passen Sie auf«, sagt der Chef. »Wir suchen diesen Mann hier. Alles muss ganz schnell gehen. Hier haben Sie drei Fotos. Eins von vorn, eins von links und eins von rechts. Also, was stehen Sie noch hier herum, los!«

Und tatsächlich. Schon am Abend ruft Knieweich den Chef an. »Chef, ich habe tolle Nachrichten. Zwei von den Verdächtigen habe ich schon festgenommen. Und den dritten krieg ich auch gleich!«

»Angeklagter, nun erzählen Sie mal, wie es zu dem Uhrendiebstahl kam.«

»Also, wie ich da so ging, sah ich eine Uhr, die ging auch. Und da habe ich mir gedacht, wir könnten ja zusammen gehen!«

»Wie konnte der Häftling aus Zelle R 17 ausbrechen?«, faucht der Direktor den Wärter an.

»Er hatte den Schlüssel«, erklärt der Mann.

»Gestohlen?«

»Nein, ehrlich beim Poker gewonnen!«

»Ihre Angaben stimmen nicht mit denen Ihres Komplizen überein«, sagt der Richter zu Connor.

»Das glaub ich gern, Herr Richter. Der Kerl lügt ja auch«, sagt Connor.

Sieben Jugendliche sitzen in einem Auto. Ein Polizist sieht das, will sie anhalten und pfeift. Doch der Fahrer fährt seelenruhig weiter.

Fragt einer seiner Kumpels aufgeregt: »Warum bist du denn nicht stehen geblieben?«

»Weil ich den beim besten Willen nicht auch noch mitnehmen kann!«

»Sie haben doch gesehen, wie der Angeklagte dem Opfer zuerst zehn Kinnhaken gegeben, ihn dann über die Theke geworfen, das Messer dreimal hineingerannt und dann noch sechs Schüsse auf ihn abgegeben hat«, sagt der Richter.

»Jawohl, Herr Richter, das hab ich gesehen«, beteuert Frau Wimmerl.

»Und was haben Sie sich gedacht, als Sie das gesehen haben?«, fragt der Richter weiter.

»Da hab ich gedacht: Eieieieieiei«, sagt Frau Wimmerl.

Patrick besucht seinen Kumpel im Gefängnis: »Hattest du Schwierigkeiten mit der Feile, die ich dir mit dem Kuchen geschickt habe?«

»Nicht der Rede wert, morgen früh werde ich operiert!«

Ein Polizist kommt in sein Büro und findet folgende Telefon-gesprächs-Notiz auf seinem Schreibtisch: ›Uffs Re4 ABBA=H1‹. Er grübelt und grübelt, was sein Kollege damit wohl gemeint haben könnte.

Als dieser an seinen Arbeitsplatz zurückkehrt, fragt er ihn: »Mensch Heinz, was soll das bedeuten?!«

Unser Chef hat angerufen, und ich habe alles genau so aufgeschrieben, wie er es gesagt hat:

›Komma uffs Revier abba gleich Heinz‹.«

»Wo wart ihr, als bei euch eingebrochen wurde?«

»In der Küche, gleich nebenan.«

»Und ihr habt nichts gehört?«

»Nein, es war zu laut.«

»Was habt ihr gemacht?«

»Suppe gegessen.«

»Angeklagter, beim letzten Mal habe ich Ihnen doch gesagt, dass ich Sie hier nicht mehr sehen möchte!«

»Das habe ich auch dem Polizisten gesagt. Aber er hat mich trotzdem verhaftet!«

»Der Häftling aus Zelle 2034 ist gestern ausgebrochen«, sagt der eine Wärter zum anderen.

Sagt der andere: »Na, Gott sei Dank. Die Feilerei ist mir schon auf den Geist gegangen!«

»Angeklagter, haben Sie etwas nach dem Zeugen geworfen?«

»Ja, aber nur Tomaten.«

»Und wie erklären Sie sich die Beulen an seinem Kopf?«

»Die Tomaten waren in Dosen, Herr Richter!«

»Pflegt Ihr Freund Selbstgespräche zu führen, wenn er allein ist?«, fragt der Vernehmungsrichter die junge Zeugin.

»Ich weiß nicht, Herr Richter. Ich war doch noch nie bei ihm, wenn er allein war.«

Zwei Außerirdische landen mit ihrem Raumschiff direkt an einer alten Tankstelle in Texas.

Sagt der eine zur Zapfsäule: »Geld her!«

Es erfolgt keine Reaktion.

Das Männchen ruft erneut, diesmal etwas drohender: »Geld her!«

Wieder keine Reaktion.

Es verliert nun die Nerven, zieht seinen Blaster und zielt auf die Zapfsäule. Dabei schreit es nochmals: »Geld her! Verdammt noch mal!«

Als wieder keine Reaktion kommt, drückt das Männlein ab und ballert auf die Zapfsäule. Es gibt eine riesige Explosion, und die beiden grünen Männlein werden von der Druckwelle weggeschleudert. Als sich der Rauch etwas legt, sagt das zweite grüne Männlein zum ersten: »Siehste, das hätte ich dir gleich sagen können. Mit einem, der seinen Riemen dreimal um den Bauch gewickelt hat und ihn dann noch ins Ohr hineinsteckt – mit dem ist nicht gut Kirschen essen!«

Tierisch komische Tiere

Fragt das Eisbär-Baby: »Sag mal, Mami, waren meine
Großeltern auch schon Eisbären?«
»Aber ja.«
»Die Urgroßeltern auch?«
»Natürlich, mein Kleiner.«
Nach einer Weile sagt das Kleine: »Ich friere trotzdem!«

»Jetzt kann ich fliegen!«, jubelte der Wurm, als er mit
dem Apfel vom Baum auf den Boden fiel.

Zwei Mäuse treffen einen Elefanten. Sagt die erste Maus
zur zweiten: »Du, den braten wir uns. Ich hole schnell
Feuerholz, und du bewachst ihn!«
Nach einer Weile kommt die erste Maus mit dem Feuerholz
zurück, und der Elefant ist weg.
Fragt die erste Maus: »Wo ist denn der Elefant hin?«
Darauf die zweite Maus: »Der ist mir abgehauen!«
Die erste Maus: »Erzähl mir doch nichts, du kaust ja noch!«

Ein Elefant tritt in einen Ameisenhaufen. Die Ameisen sind wütend und beabsichtigen, sich zu wehren. Nach eingehender Beratung beschließen sie, den Elefanten anzugreifen und zu vertreiben. Alle Ameisen erklettern den Elefanten und besetzen ihn. Der Elefant schüttelt sich einmal kräftig, und die Ameisen liegen auf dem Boden, bis auf eine, die noch am Hals hängt. Da ertönt es von unten: »Emil, würg ihn, würg ihn!«

Zwei Frösche treffen sich auf der Wiese. Einer von ihnen ist über und über mit Heftpflaster und Bandagen bedeckt. »Um alles in der Welt«, ruft der eine entsetzt, »was ist dir denn passiert?«
Stöhnt der andere: »Ich habe aus Versehen einen Knallfrosch geküsst.«

Im Selbstbedienungsladen des Waldes, wo alle Tiere ein-
kaufen, steht schon am frühen Morgen eine große Warte-
schlange. Ein Häschen kommt angerannt und arbeitet
sich mit dem Ellbogen zum Eingang, wo der Bär steht.
Der Bär: »Häschen, der Anfang der Schlange ist dort
hinten. Ab!«
Das Häschen verdrückt sich.
Am nächsten Tag ist die Schlange noch länger. Das
Häschen kommt und drückt sich nach vorne.
Der Bär: »Hatte ich nicht gestern schon gesagt, dass
das Ende der Schlange dort hinten ist? Marsch!«
Und wieder verschwindet das Häschen.
Am Tag darauf gibt es eine noch größere Schlange.
Das Häschen geht wieder nach vorne.
Der Bär: »Also, wenn du nicht lernst, wo das Ende der
Schlange ist, dann ziehe ich dich am Ohr!«
Häschen: »Na gut, dann mache ich den Laden heute auch
nicht auf.«

Kommt eine Frau in eine Tierhandlung.

Sieht sie einen Papagei und fragt: »Hallo, komischer Vogel, kannst du auch sprechen?«

Sagt der Papagei: »Na klar! Und du, fiese Pute, kannst du auch fliegen?«

Eddy gibt mit seinem Hund an. »Bello ist so klug. Wenn man ihm drei Euro gibt, holt er mir die Zeitung.«

»Das stimmt ja gar nicht. Vor einer Stunde habe ich ihm zehn Euro gegeben, und er ist immer noch nicht zurück.«

»Das ist ja auch kein Wunder. Für zehn Euro geht er ins Kino.«

Eine Frau hat einen großen Ruf als Taubenzüchterin.

Als sie nach ihrem Geheimnis gefragt wird, antwortet sie: »Ich kreuze die Tauben mit Papageien, da können sie unterwegs nach dem Weg fragen!«

Die Giraffe zum Häschen: »Es ist herrlich, so einen langen Hals zu haben! Wenn man etwas Leckeres isst, spürt man Zentimeter für Zentimeter wie es hinunterrutscht, bis in den Magen.«
Darauf das Häschen: »Du, Giraffe, hast du dich schon mal übergeben?«

Ein Ferkel ist allein zu Hause. Gelangweilt spaziert es durch das Zimmer und schaut sich alles an. Plötzlich entdeckt das kleine Schwein eine Steckdose. Entgeistert fragt es: »Haben sie dich eingemauert?«

»Warum ist ihr Flohzirkus heute geschlossen?«, wird der Direktor des Unternehmens gefragt.
»Ach, es ist furchtbar. Unsere Hauptdarstellerin ist mit einem Pudel durchgebrannt!«

Ein Mann kommt mit seinem Dackel und seinem Schäfer-
hund zu einer Talentshow und will seine Tiere vorstellen.
Der Schäferhund erzählt einen Witz nach dem anderen.
Da sagt der Zirkusdirektor: »Das ist ja toll, so einen
Wunderhund habe ich noch nie gesehen.«
Sagt der Mann: »Der Schäferhund kann überhaupt nichts,
der Dackel ist Bauchredner.«

Mitten in der Wüste sitzt ein Mann und spielt zauberhaft
Geige.
Ein Löwe umkreist ihn und legt sich nieder. Dann kommen
noch zwei und legen sich ebenfalls hin. Nach einiger Zeit
kommt ein vierter und frisst den Spieler auf.
Oben in der Palme meint ein Affe zum anderen: »Ich habe
es doch gesagt, wenn der Taube kommt, ist es mit der Musik
vorbei!«

Zwei Eisbären laufen durch die Sahara. »Hier muss es ja
spiegelglatt sein«, sagt der eine.
Verwundert fragt der andere: »Warum?«
Sagt der erste: »Was meinst du wohl, warum hier so gut
gestreut ist?«

Zwei Hunde laufen durch die Wüste.

»Wenn jetzt nicht gleich ein Baum kommt«, sagt der eine, »mach ich in die Hose.«

»Ich bin in den nächsten acht Wochen Strohwitwer«, klagt der Tausendfüßler. »Meine Frau ist in die Stadt, um Schuhe zu kaufen.«

»Ich möchte lebende Heringe«, sagt Frau Miesmeisl in der Tierhandlung.

»Lebende Heringe führen wir nicht«, antwortet der Tierhändler. »Aber sagen Sie mir bloß, wozu brauchen Sie lebende Heringe?«

»Das ist so«, erwidert Frau Miesmeisl. »Eigentlich wollte ich Hühner anschaffen. Aber dann habe ich gelesen, dass so ein Hering eine Million Eier im Jahr legt ...«

»Wenn Sie die Schildkröte richtig pflegen, wird sie leicht zweihundert Jahre alt«, verspricht der Tierhändler.

»Na, wir werden ja sehen«, antwortet skeptisch Herr Knieschlott.

Häschen kommt ins Rathaus.

Häschen trifft einen Beamten und fragt: »Hattu Vollmacht?«

»Na klar«, sagt der Beamte, »hab ich Vollmacht.«

»Muttu Hose wechseln«, sagt Häschen.

»Jetzt bist du schon so alt und hast wieder ins Nest gemacht«, schimpft die Taubenmama mit dem Taubenbaby.
»Es wird endlich Zeit, dass du lernst, rüber aufs Denkmal
zu gehen!«

Schlurfen zwei Schnecken die Straße entlang. Sagt die
eine zur anderen: »Du, nimm's Gas weg. Da vorne ist eine
Radarfalle.«

Warum werden die Igel während des Winterschlafs von
Zeit zu Zeit wach?

Sie schauen kurz nach, ob sie noch leben.

Ein Elefant will ins Kino.

»Na, hat es dir gefallen?«, wird er am anderen Tag gefragt.

»Ich bin gar nicht hineingegangen«, sagt er. »Die sind ja be-
scheuert. Da stand an der Kasse angeschrieben: Programm
ein Euro. Was meinst du, wie teuer das bei meinem Gewicht
geworden wäre.

Die beiden Schnecken sind immer noch auf der Straße.

Sagt die eine: »Pass auf, da kommt ein Auto.«

Sagt die andere: »Red doch keinen Quatsch-quatsch-
quatsch ...«

Kommt der kleine Tausendfüßler zum Arzt.

»Na, was fehlt dir denn, Kleiner?«, fragt der Doktor.

»Mir tut mein Fuß so weh«, jammert der Tausendfüßler.

»Na, welcher ist es denn?«, fragt der Doktor.

»Das ist ja das Schlimme«, sagt der Tausendfüßler, »ich
kann ja erst bis hundert zählen.«

Zwei Löwen im Safaripark beobachten eine Touristenfamilie in ihrem Landrover. »So was sollte eigentlich verboten sein«, sagen die Löwen. »Die armen Menschlein in so einen kleinen Käfig einsperren!«

Zwei Holzwürmer treffen sich in einer Portion Weichkäse. »Na, Herr Kollege. Haben Sie auch Probleme mit den Zähnen?«

Zwei Möpse stehen vor einem Metzgerladen.
»Du, das riecht verdammt gut«, sagt der eine. »Da gehen wir einfach hinein.«
Das geht doch nicht, hier an der Tür steht, dass Hunde nicht hineindürfen«, sagt der andere.
»Sei doch nicht doof, denen sagen wir nicht, dass wir lesen können«, kriegt er zur Antwort.

Der Floh Gustav hat einen Sechser im Lotto.
»Und was machst du mit dem Geld?«, wird er gefragt.
»Zuallererst«, sagt Gustav, »muss ein Hund her. Aber ein Hund ganz für mich allein ...«

»Reitest du?«

»Ja.«

»Auch Turniere?«

»Nein, nur Pferde.«

Sagt der Flohlehrer zur Flohmama: »Ihr Sohn Kurt wäre eigentlich ein ganz ordentlicher Schüler, wenn er nicht so sprunghaft wäre.«

»Also, dein Papagei regt mich auf. Der quatscht den ganzen Tag. Den würde ich verkaufen«, sagt Carlos, der Ausbrecherkönig, zum schönen Hugo, seinem Ganovenkollegen.

»Geht nicht«, meint Hugo. »Der Papagei weiß zu viel.«

Betty steht auf dem Bauernhof lange da und starrt unentwegt den Storch an. Dann geht sie weiter und sagt traurig: »Oje, er kennt mich nicht mehr.«

»Hast du schon gehört, Affen schreien fast wie Menschen!«

»Tatsächlich? Schrei mal!«

»Frau Zwicknagel, Ihre Katze hat meinen Kanarienvogel gefressen!«, tobt Frau Miesmeisl.

»Gut, dass Sie mir das sagen«, antwortet Frau Zwicknagel. »Da bekommt sie natürlich heute nichts mehr zu fressen, sonst kriegt sie einen schlechten Magen.«

Sohn und Vater schauen eine Dokumentation.

»Das ist ein Jaguar«, erklärt der Vater.

Der Sohn weiß es besser: »So ein Quatsch! Ein Jaguar ohne Räder! Wo gibt's denn so was!«

John will reiten lernen.

Mühsam klettert er auf ein Pferd, nimmt die Steigbügel in die Hand und fragt: »Wie macht man die Sicherheitsgurte fest?«

Herr Meier möchte sich einen Hund kaufen. Er fragt den Verkäufer: »Ist dieser Hund auch treu?« Der Verkäufer antwortet: »Aber natürlich. Viermal habe ich ihn schon verkauft, und er ist immer wieder zurückgekommen!«

Sommer, Sonne, ganz viel Spaß

Ein Mann möchte in Florida ein wenig Urlaub machen. Seine Frau ist auf einer Geschäftsreise und plant, ihn am nächsten Tag dort zu treffen.

Als der Mann in seinem Hotel ankommt, will er seiner Frau eine kurze E-Mail schicken. Leider findet er den kleinen Zettel nicht, auf dem er die E-Mail-Adresse notiert hat, also versucht er sein Bestes und schreibt die Adresse aus dem Kopf. Jedoch vergisst er einen Buchstaben, sodass seine Nachricht stattdessen an eine ältere Frau geschickt wird, deren Ehemann gerade am Tag zuvor verstorben ist. Als die trauernde Witwe die E-Mail liest, schreit sie einmal laut und sinkt dann tot auf den Boden. Folgende Nachricht ist auf dem Bildschirm zu lesen:

»Liebste Ehefrau, ich habe gerade eingecheckt. Alles ist für deine Ankunft morgen vorbereitet. Dein dich liebender Ehemann. P.S.: Es ist wahnsinnig heiß hier.«

Der heimgekehrte Expeditionsteilnehmer erzählt schauer-
liche Geschichten:

»Wir waren fünf Mann und verirrten uns am Nordpol.
Der letzte Proviant ging zu Ende. Wir hatten unbeschreib-
lichen Hunger. Da aßen wir zuletzt unsere Stiefel auf.
Ich überlebte als Einziger.«

»Sie waren wohl der Kräftigste?«, wird er gefragt.

»Nein, ich war der einzige mit Schuhgröße 58.«

Treffen sich zwei altehrwürdige Schlossgespenster.

»Na, verehrter Herr Kollege«, sagt das eine Gespenst.

»Wissen Sie schon, wohin Sie dieses Jahr in Urlaub fahren?«

»Ach ja«, meint das andere, »wie halt jedes Jahr, ans Tote
Meer.«

Frau Möbius kommt nachts spät aus dem Bahnhof.
Ein einziges Taxi steht noch da. »Gott sei Dank«, denkt
Frau Möbius, »das reicht.«

»Ich kann Sie aber nicht fahren«, sagt der Taxifahrer.

»Warum?«

»Vorschrift«, sagt der Taxifahrer. »Es muss immer ein
Taxi am Bahnhof bereitstehen.«

»Wenn ich in dieser Richtung weitergehe«, fragt ein Tourist, »liegt da der Hauptbahnhof?«

»Der liegt auch da«, antwortet ein Junge, »wenn Sie nicht weitergehen.«

»Was kostet das Zimmer?«, fragen die Touristen die Vermieterin.

»Hundert Euro pro Tag«, ist die Auskunft.

»Hundert Euro? Das ist aber schon sehr happig!«, sagen sie.

»Ja«, erklärt die Vermieterin, »das ist, weil das Zimmer einen wunderbaren Alpenblick bietet. Daher der Preis.«

»Und was ist«, schlagen sie vor, »wenn wir Ihnen ganz fest versprechen, dass wir nie aus dem Fenster schauen. Kriegen wir dann das Zimmer billiger?«

»Diesmal nehmen wir unseren eigenen Fernseher mit nach Italien«, sagt Frau Bömmel zu Frau Brösl.

»Wieso, gibt es in Ihrem Hotel denn keinen Fernseher?«, fragt Frau Brösl.

»Doch, schon«, sagt Frau Bömmel, »aber nur einen, der italienisch spricht.«

»Können Sie mir sagen, wo hier das Heimatmuseum ist?«,
fragt der Feriengast den Einheimischen.
»Nein, das weiß ich nicht«, antwortet der Einheimische und
geht weiter. Doch nach ein paar Schritten bleibt er stehen,
dreht sich um und ruft: »Halt! Meinen Sie vielleicht das
Karl-Otto-Zeller-Museum?« »Ja, das meine ich«, sagt der
Feriengast hoffnungsvoll. »Und, wo ist es?«
»Das weiß ich auch nicht«, sagt der Einheimische.

Tante Molli macht Ferien im Ausland.
Sie braucht Geld und geht zum Bankschalter.
»Ich bin Frau Molli und brauche Geld«, sagt sie.
»Ja«, antwortet der Mann am Schalter, »aber können
Sie sich ausweisen?«
»Ausweisen? Was heißt das?«
»Können Sie beweisen, dass Sie Frau Molli sind?«
»Moment mal«, sagt Tante Molli, nimmt einen Spiegel
aus ihrer Handtasche, schaut hinein und sagt:
»Ja freilich, ich bin's ganz bestimmt!«

Fragt in der Straßenbahn ein Fremder den Einheimischen:
»Ich möchte zum Nationalmuseum. Wann muss ich da aussteigen?«

»Das ist ganz einfach«, sagt der Einheimische. »Da müssen
Sie nur auf mich schauen. Ich fahre in dieselbe Richtung.
Und zwei Stationen vor mir steigen Sie aus.«

Im Schnellzug werden die Fahrkarten kontrolliert.
Da sagt der Beamte zu Herrn Knieschlott: »Sie, das geht
nicht. Sie sitzen im Schnellzug, und Ihre Fahrkarte gilt nur
für einen normalen Zug.«

»Ach, das macht nichts«, meint Herr Knieschlott. »Ich habe
es nicht eilig. Sagen Sie dem Lokomotivführer, er soll etwas
langsamer fahren.«

Onkel Arthur verreist mit dem Flugzeug.
Tante Molli gibt ihm gute Ratschläge mit:
»Und pass auf, dass der Pilot auch immer schön langsam
fliegt und immer ganz niedrig, hörst du!«

Der Hotelchef hört, wie der neue Portier telefoniert:
»Nein«, sagt der Portier, »das haben wir nicht. Ganz
bestimmt nicht. Und kriegen wir auch in den nächsten
Tagen nicht …«
Da reißt ihm der Chef den Hörer aus der Hand und schreit
in das Gerät: »Natürlich, das haben wir, und das werden wir
auch morgen haben. Und wenn es nicht reicht, besorgen
wir Neues.«
Und dann flüstert er dem Portier zu: »Man sagt nie zu den
Gästen, dass etwas nicht da ist! Was will der Mann eigentlich?«
»Er fragt, ob wir schlechtes Wetter haben«, sagt der Portier.

Lehrer Schädle verbringt seine Ferien auf einem Bauernhof. Es gefällt ihm gut. Nur dass am hölzernen Klohäus-
chen die Rückwand fehlt, das stört den Herrn Studienrat
dann doch. Er sagt das dem Bauern: »So was geht doch nicht!«
»Das geht schon«, sagt der Bauer. »Schauen Sie, vorne ist
ja eine Tür dran. Und von hinten, ja, da erkennt Sie doch
niemand.«

Der alte Herr Professor Burgstaller ist im Urlaub. Sonst lehrt er Latein. Aber jetzt hat er den Förster so lange belabert, bis er ihn auf die Hirschjagd mitnimmt.

»Aber Sie sagen kein Wort!«, sagt der Förster streng. »Sie sind ganz ruhig. Sonst bin ich stinksauer.«

Der Herr Professor verspricht alles, und dann gehen sie los. Plötzlich sieht der Professor durchs Gebüsch hindurch einen Hirsch und ruft: »Cervus adest!«

Wie der Blitz ist der Hirsch fort, und der Förster hätte vor Wut im Dreieck springen können.

»Ja«, entschuldigt sich der Herr Professor, »woher hätte ich wissen sollen, dass der Hirsch Latein kann!«

»Haben Sie ein Zimmer?«, fragen die Touristen.

»Eins?«, sagt der Portier. »Wir haben hundertzwanzig.«

»Das ist ja großartig!«, freuen sich die Touristen.

»Aber sie sind alle besetzt«, sagt der Portier.

»Warum kommt ihr schon wieder zurück?«, werden die Bergsteiger gefragt, als sie am späten Nachmittag zur Hütte kommen.

»Ja, auf dem Joch wurde es plötzlich so finster, dass wir die Hand nicht mehr vor den Augen gesehen haben.«

»Das versteh ich nicht«, kritisiert ein ganz Gescheiter, »wenn es schon so finster war, warum habt ihr dann noch die Hand vor die Augen gehalten!«

»Regnet es bei euch immer?«, fragt ein missgelaunter Tourist einen Einheimischen.

»Nein, nur bei schlechtem Wetter«, antwortet dieser.

»Herr Schaffner, wie lange hält der Zug?«

»Also, bei guter Wartung bestimmt dreißig, vierzig Jahre«, antwortet der Schaffner.

Zwei schweigsame Bersteiger wandern nebeneinander durchs Hochmoor.

Stundenlang kommt kein Wort über ihre Lippen.

Endlich, so gegen Mittag, sagt der eine: »Die verdammten Mücken!«

Dann ist wieder Stille. Und beim Abendessen sagt der andere: »Das liegt an den Sümpfen.«

»So, das wär's also gewesen«, sagt der Schlossführer.

»Die übrigen Räume können wir nicht besichtigen. Da ist strengstes Rauchverbot.«

»Aber wir rauchen doch gar nicht!«, protestieren energisch die Touristen.

»Sie nicht«, sagt der Schlossführer, »aber ich.«

Familie Hauser macht Ferien in der großen Hauptstadt eines kleinen Königreichs.

Sie machen einen Spaziergang, und auf einmal geht es los: Bum, bum, bum. Vom Schloss rüber dröhnen eine Menge Kanonenschüsse.

»Mama, was ist da los?«, fragt Ali.

»Im Schloss wurde ein kleiner Prinz geboren«, erklärt Frau Hauser.

»Und?«, will Ali nun wissen. »Kracht das immer so?«

»Ich brauch kein Hotelzimmer«, sagt der geheimnisvolle Gast an der Rezeption. »Mir genügt ein langer Flur. Ich bin nämlich Schlafwandler.«

»Sagen Sie mal«, fragt der Feriengast den Einheimischen, »ihr habt da an eurem Kirchturm zwei Uhren, und jede zeigt eine andere Zeit an. Was soll das?«

»Ja, das ist so«, sagt der Einheimische. »Wissen Sie, wenn die beiden Uhren die gleiche Zeit anzeigen täten, nicht wahr, dann bräuchten wir ja keine zwei Uhren.«

Ferien an der Nordsee.

»Wie wird so ein Fischernetz gemacht?«, fragt Amir einen alten Seefahrer.

»Ganz einfach«, sagt der, »man nimmt da eine Menge Löcher und knotet sie mit einer Schnur zusammen.«

Ida fährt in die Ferien.

Im Intercity irrt sie durch die Waggons und kann ihr Abteil nicht mehr finden.

»Na, an irgendetwas musst du dich doch noch erinnern können«, sagt der Schaffner zu ihr.

»Oh ja, jetzt weiß ich was«, sagt Ida. »Vor dem Fenster war eine ganz große Schafherde.«

Herr Valentin ruft im weltbekannten Ferienort an. Es ist Hochsaison und er fragt im Kurhotel nach einem Zimmer.

»Es könnte auch ein ganz kleines sein«, meint Herr Valentin.

»Ich will es versuchen«, sagt die Dame vom Empfang.

»Geben Sie mir mal Ihre Körpermaße durch.«

»Unsere Ferien waren diesmal total blöd.«

»Wieso?«

»Das Wetter. Nur Regen, nichts als Regen. Einmal sind wir in den Zoo gegangen. Und was meinst du, was wir gesehen haben?«

»Was?«

»Einen alten Mann mit langem Bart, der eine Arche gebaut hat.«

Die Lokalbahn schnauft mit letzter Kraft den Berg hinauf. Das geht Herrn Stemmrich entschieden zu langsam. Er springt aus seinem Wagen und läuft zum Lokomotivführer vor.

»Sagen Sie mal, können Sie vielleicht etwas schneller vorankommen?«

»Könnte ich schon«, sagt der Lokomotivführer. »Aber ich darf den Zug nicht verlassen.«

Also, wenn die Luft in der Stadt so stinkig ist und wenn die Luft auf dem Land so gut ist, wie sie immer sagen, warum baut man dann die Städte nicht auf dem Land?!

Julius macht Abenteuerurlaub. Heute ist erster Absprung im Rahmen der Fallschirmausbildung.

»Und was soll ich tun, wenn der Fallschirm nicht aufgeht?«, fragt er den Mann in der Gerätekammer. »Kein Problem«, sagt der. »Dann können Sie den Schirm bei mir ohne Weiteres gegen einen neuen umtauschen.«

Theo steht am Straßenrand und ist verzweifelt.

»Warum weinst du?«, wird er gefragt.

»Weil ich nicht hinüberkann.«

»Versteh ich nicht. Da kommt doch weit und breit kein Auto.«

»Das ist's ja«, sagt Theo. »Und in der Schule haben wir gelernt, dass wir erst über die Straße dürfen, wenn die Autos vorbei sind.«

Auf dem Heimweg von der Schule begegnet Leni dem Briefträger.

»Haben Sie heute Post für uns?«

»Vielleicht. Wie heißt du denn?«

»Das müssen Sie doch wissen, das steht doch auf dem Briefumschlag!«

Mit heraushängender Zunge kommt Jonas auf den
Bahnsteig gestürmt: »Oh bitte, werde ich den Zug nach
Aschaffenburg noch erwischen?«
Der Bahnhofsvorsteher mustert Benni von oben bis unten.
Dann meint er: »Das hängt davon ab, wie viel Kondition du
noch hast. Abgefahren ist er vor 75 Sekunden.«

In der Straßenbahn herrscht unangenehmes Gedränge.
»Wer drängelt denn da hinten so?«, ruft der Schaffner.
»Das hat keinen Zweck, wenn ich Ihnen das sage, denn Sie
kennen mich ja doch nicht«, ruft Evelyn.

Ein kleines Mädchen geht mit drei großen Eistüten in der
Hand den Strand entlang. Gerade, als sie bei den Eltern
ankommt, rutscht ihr eines aus der Hand und fällt in den
Sand. »Wie schade«, sagt sie traurig, »jetzt habe ich dein
Eis fallen lassen, Papa!«

Im Schnellzug.

»Ticketkontrolle! Bitte alle Fahrkarten vorzeigen!«

Ein älterer Herr hält dem Kontrolleur seine Karte hin.

»Aber das ist ja ein Kinderticket!«, stellt der Kontrolleur fest. Der Fahrgast zuckt die Schultern: »Da sehen Sie nur, wie lange ich auf den Zug warten musste!«

Ein Tourist fragt den Gastwirt: »Wo kann ich hier Wasserski fahren?«

Der Gastwirt antwortet: »Auf unserem Bergsee. Hoffentlich ist er auch steil genug!«

Ein Mann mit einem Flugticket nach Spanien fragt beim Einchecken: »Können Sie den großen Koffer bitte nach Australien schicken und die Reisetasche nach Paris?«

»Es tut mir leid«, entgegnet der Schalterbeamte, »aber das können wir nicht machen.«

»Wirklich? Da bin ich aber sehr erleichtert. Denn genau DAS ist mir letztes Jahr mit Ihrer Fluglinie passiert.«

»Wir brauchen dieses Jahr nicht ans Meer zu fahren,
wir haben ja alles auch hier zu Hause.«
»Wie meinst du das?«
»Na ja, Ebbe in der Geldbörse und Flut bei den
Rechnungen!«

Ein Hotelgast in Florida beschwert sich, dass das Dach
über seinem Bad undicht sei, und verlangt nach drei
Tagen, als sich immer noch nichts getan hat, den Direktor
zu sprechen. Doch der zieht sich elegant aus der Affäre:
»Mein Herr, bei schlechtem Wetter kann ich den Schaden
nicht reparieren lassen, und wenn die Sonne scheint,
erübrigt es sich ja!«

Die Familie verbringt die Herbstferien auf dem Bauernhof.
»Willst du beim Kartoffelnausgraben helfen?«, wird Lia vom
Bauern gefragt.
Doch Lia hat eine Ausrede: »Das soll lieber der machen, der
die Kartoffeln reingelegt hat. Der weiß am besten, wo sie
sind!«

Ein kleiner Junge am Strand isst ein Eis. Ein Tropfen fällt einem Badegast, der im Sand schläft, auf den Bauch. Der schreckt auf: »Mensch, die Möwe muss direkt aus Alaska gekommen sein!«

Amelie ist bei ihrer Tante in den Ferien. Sie ist noch nie allein von zu Hause weg gewesen. Nach den ersten paar Tagen sitzt sie lustlos herum und weint ein wenig.
»Ach, du Arme«, sagt die Tante, »hast wohl Heimweh?«
»Nein«, schluchzt Amelie, »ich habe Hierweh.«

Humor ist mein Hobby

Zwei Angler sitzen schon den ganzen Tag am Teich, ohne etwas gefangen zu haben. Schließlich sagt der eine zum anderen: »Gib mir mal einen anderen Wurm. Dieser bemüht sich überhaupt nicht.«

Bruno ist Mitglied einer tollen Band. Aber heute ist einmal nichts los. Auch gut.
Darum liegt Bruno schon früh im Bett und pennt.
Aber dann läutet Till und brüllt zum Fenster rauf:
»Los, Bruno, mach schnell! Wir müssen gleich auf einer Party im Gasthof Lindenblüte spielen.«
»Du hast sie wohl nicht alle«, brüllt Bruno zurück.
»Ich bleib daheim. Nicht um alles Geld der Welt kriegst du mich heut aus meiner Bude raus.«
»Mensch«, ruft Till zurück, »da sind für jeden von uns zwanzig Euro drin!«
»Ja, warum hast du das nicht gleich gesagt«, meint Bruno und ist schon unterwegs.

Riesenreklame am Metropolkino:

»Zwei Stunden Spannung, zwei Stunden Lachen, zwei Stunden Unterhaltung!!!«

»Da gehen wir hin, meinst du nicht auch?«, sagt Alex.

»Spinnst du?«, zischelt Luzie. »Ich hock mich doch nicht sechs Stunden ins Kino!«

Das Open-Air-Konzert ist längst ausverkauft.

Sie gehen erwartungsvoll zum Einlass hin.

Da meint Jana: »Blöd, dass ich heute die neuen Jeans anhabe.«

»Wieso, die sind doch o.k.«, sagen die anderen.

»Schon, aber in den alten habe ich unsere Eintrittskarten.«

Die Jungs brüllen zu Baldaufs in den dritten Stock hinauf:

»Frau Baldauf! Darf Levi runterkommen und mit uns spielen?«

»Nein. Heute bei dem scheußlichen Wetter nicht!«

»Frau Baldauf, darf wenigstens sein Fußball runter-kommen?«

»Sie können mir doch nicht einen Chor mit nur drei Sängern geben. Das ist ja lachhaft«, sagt der neue Dirigent zum Theaterdirektor. »Da kennen Sie unser Publikum nicht«, antwortet der Theaterdirektor. »Was glauben Sie: Die sind so begeistert bei der Sache. Die singen sofort mit.«

»Selbstverständlich bin ich informiert, dass es sich um einen Horrorfilm handelt«, beschwert sich Herr Brösel an der Abendkasse des Kinos. »Aber ich habe nicht gedacht, dass es bei den Preisen schon anfängt!«

Das große Witze-Menü

Eine Familie besucht ein Nobelrestaurant in der Stadt.
Der Ober kommt sofort an den Tisch.

»Was darf ich Ihnen bringen?«

»Nichts, wir sitzen bloß so da«, meint der Vater.

»Aber mein Herr, das geht nicht, Sie müssen schon etwas
bestellen.«

»So, ja, hm, dann bestellen sie doch mal dem Koch einen
schönen Gruß.«

Eine Dame sitzt in einem Café. Da geht die Tür auf, ein
Pudel kommt herein, bestellt ein Schokoladeneis und
geht wieder.

Sagt die verblüffte Dame zum Kellner: »Außerordentlich,
nicht wahr?«

»Ganz außerordentlich, Madame«, sagt der Kellner. »Sonst
kauft er immer Vanilleeis.

»Herr Ober, bringen Sie mir ein Schnitzel, aber ein recht großes«, ruft der Gast. »Ich rege mich nämlich über jede Kleinigkeit auf!«

Beim Wirt maulen die Stammgäste:
»Seit dem letzten Jahr haben Sie die Portionen um die Hälfte kleiner gemacht!«
»Ja, schon«, sagt der Unterwirt. »Aber dafür haben wir das Lokal um das Doppelte vergrößert.«

Die Kinder sind bei Tante Hildegard zu Besuch.
»So«, sagt die Tante zu Charlotte, »jetzt darfst du in meine große Bonbondose greifen.«
»Ach, lass doch meinen Papa reinlangen«, meint Charlotte.
»Wieso das? Magst du keine Bonbons?«
»Das schon. Aber Papa hat größere Hände als ich.«

Luca ist bei Tante Tina zu Besuch gewesen. »Das ist aber nett von dir, dass du mir ein Stück Torte mitbringst«, sagt Mama, und greift zum Telefon, um sich bei Tante Tina zu bedanken.

»Mama, könntest du mir einen Gefallen tun«, sagt Luca, »und dich für zwei Stück Torte bedanken?«

Lara trägt die große Suppenterrine ins Esszimmer herein. Alle schauen gespannt. »Fall nicht hin!«, ruft die Mama.

»Keine Angst«, sagt Lara. »Ich halt mich doch an der Schale fest.«

»Hannah, hast du den Goldfischen schon frisches Wasser gegeben?«, fragt Mama.

»Nein, die haben ja ihr Wasser von gestern noch gar nicht ausgetrunken.«

★

Bei Matteo und Lina ist große Party. Aber sie haben keine Eiswürfel.

»Warum habt ihr keine Eiswürfel?«, fragen die Freunde.

»Ja, Mama ist verreist. Und wir kennen das Rezept nicht.«

»Was soll das, gestern waren die Schnitzel viel größer als heute. Doppelt so groß!«, schimpft Familie Müller im Speiselokal.

»Darf ich Sie darauf aufmerksam machen«, erklärt der Kellner, »dass die Herrschaften gestern vorne am Fenster zur Straße gesessen haben. In diesem Fall bekommen unsere Gäste die Reklameportionen.«

»Herr Ober! In meiner Butter ist eine Fliege!«
»Sie täuschen sich, mein Herr. Das ist nicht möglich, denn erstens ist es keine Fliege, sondern eine Schlupfwespe. Und zweitens ist es keine Butter, sondern Margarine.«

»Herr Kellner, der Kaffee war eiskalt.«
»Gut, dass Sie das sagen. Denn Eiskaffee kostet bei uns einen Euro mehr.«

»Herr Ober! Sie haben den Daumen in meiner Suppe.«
»Das ist nett von Ihnen, dass Sie mich darauf aufmerksam machen. Aber es stört nicht. Die Suppe ist bereits kalt.«

»Herr Ober! Hier an unserem Tisch sind ja gar keine Stühle.«
»Das ist schon richtig. Sie haben ja auch nur einen Tisch
bestellt.«

Don, Tourist aus den Vereinigten Staaten, blättert eifrig
im Wörterbuch.
»Bitte, können Sie mir sagen, was Schimmel bedeutet?«,
fragt er dann die Dame am Frühstücksbüfett.
»Schimmel«, erklärt die Frau, »ist ein weißes Pferd.«
»All right«, sagt Mr. Smith. »Aber dann sagen Sie mir,
was macht weißes Pferd auf meiner Marmelade.«

»Der Rinderbraten ist viel zu hart«, beschwert sich der Gast.
»Mein Herr, das ganze Leben ist hart«, antwortet der
Kellner traurig.

Weil Mama in Kur ist, kocht Levke, die älteste Schwester, für uns.

»Na, schmeckt's euch?«, fragt sie.

»Also, ehrlich gesagt, der Gemüseeintopf war nicht gerade große Klasse«, sagen wir.

Da ist Levke eingeschnappt. »Das dürft ihr nicht sagen«, meint sie. »Im Kochbuch steht ausdrücklich, dass dieser Gemüseeintopf ausgezeichnet schmeckt!«

Tante Adelheid war zu Besuch. Jetzt will sie heimgehen. Drunten an der Haustür stehen Ben und Jakob.

»Na, ihr beiden. Habt ihr hier gewartet, um mich zu verabschieden?«, fragt die Tante.

»Nö«, sagen die beiden. »Wir warten nur, bis du gegangen bist. Weil, wenn du weg bist, wird gegessen.«

»Hast du endlich den Salzstreuer aufgefüllt?«, fragt Mama.

»Noch lange nicht«, sagt Karl. »Das ist eine verdammt komplizierte Sache, bis du das Salz durch die kleinen Löcher kriegst.«

»Du musst in Zukunft das Obst mit der Schale essen
wegen der Vitamine«, sagt Doktor Pfannenstiel zu Louis.
»Welches Obst isst du am liebsten?«
»Kokosnüsse«, sagt Louis.

»Hundert Gramm gemischte Nüsse«, bestellt Milan in der
Obsthandlung. »Aber geben Sie mir nicht zu viele Kokosnüsse!«

Tony will einen Getränkestand errichten.
»Wo?«, wird er gefragt.
»In der Wüste. Mitten in der Wüste«, sagt er.
»Aber, Mensch, das ist doch eine schlechte Idee!
Da kommt doch keiner hin«, sagen die anderen.
»Schon möglich«, meint Tony. »Aber wenn mal einer
hinkommt, was meint ihr, was der für einen Durst hat!«

Geduldig wartet ein Gast bereits seit einer Stunde auf sein bestelltes Essen.

Schließlich tritt der Geschäftsführer an seinen Tisch und fragt: »Hatten Sie die Karte schon?«

»Wieso?«, bemerkt der Gast ironisch. »Hat mir der Koch geschrieben?«

Geht ein Mann in ein Restaurant und bestellt ein Menü. Als er das Essen bekommt, sagt er: »Kann ich bitte noch eine Serviette bekommen?«

Der Ober bringt eine Klorolle, worauf sich der Mann beklagt: »Das ist doch eine Klorolle und keine Serviette!«

Sagt der Ober: »Für die einen ist es eine Klorolle, für die anderen die längste Serviette der Welt!«

Gast: »Das Schnitzel schmeckt wie ein alter Hausschuh, den man mit Zwiebeln eingerieben hat!« Ober: »Donnerwetter! Was Sie nicht schon alles gegessen haben?!«

Lachmuskel-Training für alle

»Der Mittelstürmer humpelt vom Fußballplatz. Besorgt kommt ihm der Trainer entgegen und fragt: »Schlimm verletzt?«

Der Mittelstürmer: »Nein, mein Bein ist nur eingeschlafen!«

»Versteht euer Trainer was vom Fußball?«

»Oh ja. Vor dem Spiel erklärt er uns, wie wir gewinnen können. Und nach dem Spiel analysiert er, warum wir verloren haben.«

»Du, sag mal«, wird der Trainer vom FC Kümmersbach gefragt, »woher kommt das, dass ihr bei jedem Spiel einen Elfmeter zugesprochen bekommt? Das ist doch geradezu unheimlich.«

»Weiß ich auch nicht, woher das kommt«, sagt der Trainer. »Und dabei wette ich vor jedem Spiel mit dem Schiedsrichter um hundert Euro, dass er diesmal für uns keinen Elfmeter gibt.«

»Der teure Neueinkauf ist als Sturmspitze ein glatter Flop«, sagt der Vereinspräsident zum Trainer. »Hast du nicht eine andere Position für ihn, wo er besser ist?«

»Hab ich«, sagt der Trainer.

»Und wo wirst du ihn in Zukunft aufstellen?«

»Als Würstchenverkäufer am Stadioneingang.«

»Jetzt aber marsch mit dir unter die Dusche«, sagt Mama, als Henry vom Fußballplatz heimkommt. »So dreckig habe ich dich noch nie gesehen.«

»Du, das lassen wir«, meint Henry. »Das ist reine Energieverschwendung. Übermorgen ist schon das Rückspiel.«

Nora kommt vom Fußballspielen heim.

»Du«, sagt die Mutter, »dein linkes Bein ist noch ganz schmutzig!«

»Verflixt«, sagt Nora, »dann hab ich bei dem Gedränge in der Dusche ein falsches Bein gewaschen.«

Morgengymnastik im Radio: »Guten Morgen, liebe Zuhörer.
Beginnen wir gleich mit der Übung. Also: auf, nieder, auf,
nieder, auf. Und nun wechseln wir das Augenlid. Und auf,
nieder, auf ...«

Das Sport-Ass liegt im Krankenhaus.
»Donnerwetter!«, murmelt der behandelnde Arzt. »Sie
haben 41 Grad Fieber.«
Fragt der Sportler mit schwacher Stimme: »Und wo liegt
der Weltrekord?«

Kati ist sauer auf ihren Nick.
»Du liebst den Fußball mehr als mich«, schimpft sie.
»Das kann schon sein«, sagt Nick. »Aber dafür hab ich dich
lieber als Tennis.«

Ein Junge sitzt vor der Waschmaschine und starrt ins
Geschehen.
Kommt ein zweiter dazu: »Na, kommt schon das Länderspiel?«
»Nein, das wird noch eine Weile dauern. Im Moment zeigen
sie noch, wie die Trikots der Spieler gewaschen werden!«

Drei ältere Frauen gehen ins Schwimmbad. Die erste Frau kommt aus der Kabine. Sie steigt auf den Fünf-Meter-Turm und springt einen dreifachen Salto mit einer fünffachen Schraube.

Der Bademeister wundert sich und fragt sie, woher sie das kann: Das sei doch nicht normal für ihr Alter.

»Ich war 1964 Olympiasiegerin im Turmspringen.«

Dann kommt die zweite Frau aus der Kabine. Auch sie geht zum Becken. Mit einer ungeheuren Geschwindigkeit schwimmt sie auf und ab. Der Bademeister fragt auch sie, woher sie das kann.

»Ich war 1964 Olympiasiegerin im Schwimmen.«

Jetzt kommt die dritte Frau aus der Kabine heraus und schwimmt im Becken mit einer ungeheuren Geschwindig-keit im Zickzack hin und her.

»Weiß schon«, sagt der Bademeister: »Olympiasiegerin 1964.«

Sagt die Frau: »Nein, Briefträgerin in Venedig.«

Oskar und Samuel wollen den Bus noch erreichen, doch sie verpassen ihn knapp.

Schreit Samuel Oskar an: »Wenn du nicht so langsam gewesen wärest, hätten wir den Bus noch bekommen!«

Da sagt Oskar zu Samuel: »Und wenn du nicht so schnell gegangen wärest, müssten wir jetzt nicht so lange auf den nächsten warten!«

Ich hätte gern ... einen großen Spaß

Tante Agathe geht in den Bildershop. Mürrisch steht sie vor einem Bild.

»Das ist ja scheußlich! Und so etwas verkaufen Sie?«, beschimpft sie den Ladenbesitzer.

»Äh, gute Frau, das ist kein Bild. Das ist der Spiegel!«

Im Antiquitätengeschäft.

»Diese Truhe ist spätgotisch«, sagt der Verkäufer zum Kunden. Wütend schnellt der Holzwurm aus der Truhe und zischt: »Glauben Sie dem kein Wort, ich bin noch nicht mal volljährig.«

Im Hutgeschäft.

»Würden Sie bitte für mich den grünen Hut aus dem Schaufenster holen?«

»Aber gerne, gnädige Frau, mach ich sofort!«

»Vielen Dank! Wissen Sie, über dieses abscheuliche Ding ärgere ich mich nämlich jedes Mal, wenn ich hier vorbeikomme!«

»Ich möchte einen Wachhund«, sagt der Kunde.

»Da habe ich das Beste vom Besten«, schwärmt der Tierhändler. »Goldmedaille bei der Hunde-Olympiade, zweimal Weltmeister im Gangsterfangen, Ehrenurkunde beim
Bellwettbewerb der ARD. Und kostet nicht mehr als zehntausend Euro.«

»Hören Sie«, sagt der Kunde. »Wenn ich Ihnen zehntausend
Euro für diesen Wachhund gebe, dann wird er nichts mehr
zum Bewachen haben.«

In Großschnorrhausen haben sie jetzt eine wahnsinnig
tolle Erfindung aufgestellt, den Schenkautomaten. Das
geht so:

Man wirft ein Zwei-Euro-Stück ein. Zunächst ertönt ein
leises Summen. Dann sagt der Automat: »Danke.«

Kommt einer in den Kramladen gestürzt und ruft:
»Schnell, ein Kilo Hundefutter.«
»Zum Hieressen?«, fragt die alte Krämerin.

»Haben Sie Bananen?«, fragt die Kundin.

»Ja, klar doch«, sagt der Gemüsehändler.

»Und sind die auch weich?«

»Oh ja, ganz weich.«

»Dann lassen wir's. Weiche mag ich nicht«, meint die Kundin.

»So weich sind sie aber auch wieder nicht«, sagt der Händler.

»Wie viele Enten haben Sie?«, fragt Tante Olga auf dem Markt.

»Vier Stück«, antwortet die Marktfrau.

»Dann suchen Sie mir bitte die beiden ältesten heraus«, bittet Tante Olga.

»Wenn Sie meinen«, sagt die Marktfrau. »Mir kann es gleich sein«, und sucht die beiden ältesten Enten. Dann fragt sie: »Soll ich sie Ihnen jetzt einpacken?«

»Nein«, sagt Tante Olga. »Jetzt packen Sie mir bitte die beiden anderen ein!«

Ulkige Unfälle (aber beim Schreiben der Witze ist niemand zu Schaden gekommen)

Zwischenfall in der Tagesschau.

Dem Sprecher wird ein Zettel auf den Tisch gelegt, er ergreift ihn und spricht routiniert die Überleitung: »Soeben erreicht uns noch diese Meldung«, er verliest den Text: »Sie haben einen Rest Spinat zwischen Ihren Schneidezähnen.«

Sitzen drei Männer auf einer Parkbank. Sagt der eine: »Meine Frau hat ›Das doppelte Lottchen‹ gelesen und hat Zwillinge bekommen.«

Meint der zweite: »Meine Frau hat ›Die drei Musketiere‹ gelesen und hat Drillinge bekommen.«

Sagt der dritte: »O Gott, meine Frau liest gerade ›Ali Baba und die 40 Räuber‹.«

Die besten fünf Entschuldigungen, wenn man seine Mathe-Hausaufgaben nicht gemacht hat:

1) Ich habe aus Versehen durch null geteilt, und mein Papier ist in Flammen aufgegangen.

2) Ich habe den Beweis, allerdings ist auf diesem Rand nicht genug Platz für ihn.

3) Ich habe einen Solartaschenrechner, und es war zu wolkig.

4) Ich hatte meine Papiere eingeschlossen, doch ein vierdimensionaler Hund kam und aß sie.

5) Ich könnte schwören, ich habe sie in eine kleine Flasche getan, doch heute Morgen konnte ich sie nicht finden.

Mathe: Jede Lösung schafft nur neue Probleme.

»Wie kann man im Urwald feststellen, dass der große Regen kommt?«

»Ganz einfach, wenn die Tiger feuchte Nasen haben.«

Steht ein Blinder mit Glasaugen in der Straßenbahn.
Plötzlich nimmt er das eine Auge raus, wirft es in die Luft,
fängt es auf und setzt es wieder ein. Fragt sein Nachbar:
»Was soll denn das?«
Meint der Blinde: »Ich wollte doch nur schauen, ob da vorne
ein Platz frei ist.«

Thomas steht vor dem Naturwissenschaftlichen Museum.
Es ist Montag, und das Museum bleibt daher geschlossen.
»Gibt es wirklich keine Möglichkeit, trotzdem hineinzu-
kommen?«, fragt Thomas den Hausmeister.
»Ja, eine Möglichkeit gibt's«, sagt der.
»Und welche?«
»Lass dich ausstopfen.«

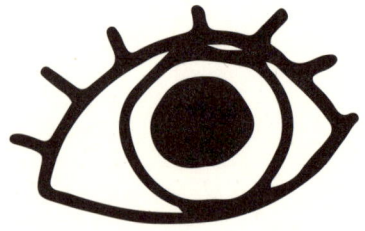

Sagt der Wohnungsmakler Geiermann zur Familie Kleinfuß:
»Dieses Haus hier hat einen Nachteil und
einen Vorteil. Der Nachteil ist, dass im Norden eine
Mülldeponie und im Süden eine Schweinemästerei steht;
außerdem haben Sie im Westen den Zoo und im Osten
ein Chemiewerk.«
»Aha, und was ist der Vorteil?«
»Der Vorteil ist, Sie wissen jeden Tag sofort, aus welcher
Richtung der Wind kommt.«

»Mensch, Luzie, hast du einen fantastischen Schal!«
»Ja«, sagt Luzie, »den hab ich von einem amerikanischen
Millionär.«
»Ich werd wahnsinnig. Und wie heißt der Millionär?«
»Woolworth.«

»Warum will Lena nichts mehr von ihrem Freund Karl
wissen?«
»Weil sie zu viel von ihm weiß.«

Flughafen, Auskunft. Das Telefon klingelt, und es meldet sich ein ganz Eiliger.

»Können Sie mir schnell sagen«, fragt er, »wie lange ein Flug von Frankfurt nach Chicago dauert?«

»Eine Minute mal«, sagt die Stewardess.

»Danke«, sagt der Eilige und hängt ein.

»Die nächste bemannte Weltraumfahrt geht zur Sonne.«

»Das gibt's doch nicht. Da ist es doch viel zu heiß.«

»Die fliegen ja bei Nacht.«

»Ach so.«

»Heute steh ich in der Zeitung«, verkündet Lina stolz.

»Das glaubst du doch selber nicht!«, entgegnen die anderen.

»Doch, da steht's: Es gibt eine Million Schüler in Deutschland.«

»Na, und?«

»Und eine davon bin ich.«

Die Leute drängeln sich an der Straßenkreuzung und verrenken die Hälse.

»Was ist denn hier passiert?«, fragt einer, der neu hinzukommt.

»Keine Ahnung«, sagt ein anderer. »Der Letzte, der das wusste, ist schon vor einer Viertelstunde weggegangen.«

Herr Rosenbarth hat sich Goldzähne einsetzen lassen. Und dann gingen die Scherereien los.

Weil das Zeugs so wertvoll ist, schläft Herr Rosenbarth nur noch mit dem Kopf im Tresor.

»Bring den Brief zur Post und lass ihn wiegen. Wenn er zu schwer ist, klebst du noch diese Marke drauf. Hast du verstanden?«

»Klaro. Bin ja nicht doof.«

Später fragt der Vater: »Und, war der Brief zu schwer?«

»Ja.«

»Hast du die zweite Marke draufgeklebt?«

»Ja. Und haargenau auf die erste.«

Lasse hat endlich einen Job bekommen. Sogar im Museum.
Am Abend des ersten Arbeitstages sieht ihn beim Heim-
gehen der Direktor.
»Na, wie war's?«, fragt der Direktor.
»Ganz toll, Herr Direktor.« Lasse strahlt. »Ich habe heute
schon einen Dürer, zwei Rembrandts und einen Picasso an
Touristen verkauft.«

»Papa, da ist ein Mann an der Türe, der hat einen Schnabel.«
»Spinn nicht. Das ist kein Mann. Das ist bestimmt eine Ente
mit Frack und Zylinderhut.«

Im Heimatmuseum von Kleinklingelshausen haben sie eine
echte Mumie.
»Wenn man sich vorstellt, dass vor dieser Mumie vielleicht
schon Moses gestanden hat«, meint Opa Hubert versonnen.
»Rede keinen Quatsch!«, sagt Opa Klaus. »Noch nie hat
einer behauptet, dass Moses schon einmal bei uns in
Kleinklingelshausen gewesen ist.«

»Zu diesem Friseur geh ich nicht mehr«, schimpft Herr Seidenschwarz. »Niest mir der Kerl beim Haarschneiden auf den Kopf, und verlangt dann zehn Euro extra für Haarspray!«

Professor Perkhuhn geht immer und immer wieder in der Drehtür herum und verlässt sie nicht.
»Haben Sie ein Problem?«, wird er gefragt.
»Ja«, schreit der Professor zurück. »Ich weiß nicht mehr, wollte ich jetzt hineingehen oder herausgehen.«

»Ich habe immer noch den gleichen Hut wie vor dreißig Jahren«, behauptet Herr Pipenbrinck.
»Das gibt es doch nicht. Wie der aussieht«, sagen seine Freunde.
»Doch, vor dreißig Jahren habe ich ihn gekauft, zweimal ließ ich ihn neu färben, zweimal wurde das Band erneuert, und gestern habe ich ihn irrtümlich im Gasthaus vertauscht.«

Der große Wahrsager sitzt im Flugzeug und legt Karten.
Er schüttelt den Kopf und legt die Karten neu.
Wieder starrt er lange Zeit auf die Karten, ruft dann die
Stewardess und sagt: »Bitte, könnte ich möglichst rasch
einen Fallschirm bekommen?«

In Klinkelkugelhausen bauen sie ein Hallenbad. Alles aufs
Feinste.
Ein tiefes Becken für Turmspringer. Ein Becken mit Warm-
wasser für normale Badegäste. Und ein Becken ganz ohne
Wasser, damit den Nichtschwimmern nichts passieren kann.

»Hat jemand ein Bündel Hundert-Euro-Scheine mit einem
Einmachgummi drum verloren?«, brüllt Fritz durch die
Halle der Großbank.
»Oh ja.« Sofort melden sich ein paar Personen.
»Dann kommen Sie her«, sagt Fritz. »Ich habe soeben den
Einmachgummi gefunden.«

»Bei uns in Oklenhausen haben sie Ausgrabungen gemacht und ganz alte Drähte gefunden«, erzählt Jens. »Das beweist, dass man in Oklenhausen schon vor zweitausend Jahren telefoniert hat.«

»Bei uns in Krabbenberg hat man auch Ausgrabungen gemacht«, sagt Florian, »und was hat man gefunden? Nichts hat man gefunden. Und das beweist, dass man schon vor zweitausend Jahren in Krabbenberg das kabellose Telefonieren kannte!«

Silas trifft Sasha auf der Straße. Sasha hat ein großes Paket unter dem Arm.

Sagt Silas: »Hast du Klopapier gekauft?«

Sagt Sasha: »Ja. Oder meinst du, ich hab's in der Reinigung gehabt?«

Der alte Professor kommt abends spät nach Hause und sieht schon von der Straße aus, dass in seinem Arbeitszimmer Licht brennt.

»Nanu«, sagt der alte Professor. »Um diese Zeit bin ich doch sonst nicht zu Hause.«

»Wir haben zu Hause einen Aussichtsturm, da kann man fünfhundert Kilometer weit sehen«, prahlt Carlo.

»Das ist noch gar nichts«, sagt Juliane. »Wir haben einen Aussichtsturm, da kann man noch viel, viel weiter sehen. Rat mal, wie weit?«

»Vielleicht bis Holland?«, rät Carlo.

»Noch viel weiter.«

»Bis England?«

»Noch weiter.«

»Doch nicht bis Amerika?«

»Noch viel weiter.«

»Ja, wohin denn? Sag's doch!«

»Bis zum Mond!«

Treibt einer im Wasser und brüllt, so laut er kann. Am Ufer steht ein anderer und ruft: »Was schreien Sie so?«

»Ich kann nicht schwimmen«, brüllt der im Wasser.

»Na und?«, sagt der am Ufer. »Ich kann auch nicht schwimmen. Schreie ich etwa so?«

»Und wenn es einmal brennen sollte«, sagt der Mann von
der Telekom zu Franziska, »dann rufen Sie einfach 112.«
Franziska hat es sich gemerkt. Als bei ihr dann die Topf-
lappen eines Tages brennen, steht sie auf dem Balkon und
ruft ganz laut in die Gegend: »Hundertzwölf, hundertzwölf!«

In London regnet es. Tagelang, wochenlang, sogar mona-
telang. Da klopft der Butler leise an die Tür, betritt lautlos
das Kaminzimmer und räuspert sich.
»Nun«, fragt seine Lordschaft, »wen haben Sie zu melden?«
»Die Themse, Mylord«, sagt der Butler.

★

Kalupke geht in seine Gartenlaube, um dort zu übernachten.
Er nimmt einen Stein und eine Schachtel Streichhölzer mit.
»Wofür brauchst du einen Stein und Streichhölzer zum
Schlafen?«, wird er gefragt.
»Mit dem Stein werfe ich das Licht aus«, sagt Kalupke.
»Und die Zündhölzer?«
»Na, wenn das Licht aus ist, sehe ich ja sonst im Dunkeln
nichts.«

»Amerika ist das Land der unbegrenzten Möglichkeiten«,
sagt der stinkreiche Mister Trumpet. »Als ich hier ankam,
hatte ich nichts als ein Paar zerrissener Schuhe und heute
besitze ich Millionen!«

»Ach Gott, ach Gott«, antwortet Daniel. »Und was machen
Sie jetzt mit den Millionen von zerrissenen Schuhen?«

Der Dampfer schippert am berüchtigten Riff vorbei.
Der Kapitän gibt mächtig an.

»Jedes Riff kann tödlich sein«, sagt er.

»Und Sie kennen alle Gefahrenstellen?«, fragen ängstlich
die Passagiere.

»Na klar«, sagt der Kapitän. »An dieser Küste kenne ich
jede einzelne Klippe ...«

Da macht es RUMS!

Und der Kapitän sagt: »Das zum Beispiel war eine.«

»Lasst Blumen sprechen!«, steht groß an der Gärtnerei
angeschrieben. Karl geht hinein und fragt: »Haben Sie
Nelken, die ›Alles Gute zum Muttertag‹ sagen können?«

»Sie heißen?«

»Friedrich Schiller.«

»Da haben Sie aber einen sehr bekannten Namen.«

»Ja, wissen Sie, ich wohne schon einige Jahre in dieser Gegend hier.«

Kommt ein ganz Verwegener an den Postschalter und fragt: »Ist ein Brief für mich da?«

»Für welchen Namen?«, fragt der Mann hinter dem Schalter.

»Mein Name geht niemanden etwas an«, sagt der Verwegene.

»Dann kann ich den Brief nicht suchen«, meint der hinter dem Schalter.

»Also gut, mein Name ist Charlie Kümmerer.«

Der Mann hinter dem Schalter sucht rum und sagt dann: »Für dich ist kein Brief da.«

»Na also, es geht doch« sagt der Verwegene, »und übrigens, ich heiße gar nicht Charlie Kümmerer!«

Die Stammgäste sind wieder da. Zum zehnten Mal schon am gleichen Ort. Wie schon seit Jahren fahren sie über den See, und wie immer an der gleichen Stelle rufen sie: »Holadiuhu«, weil da das berühmte Echo ist. Aber nichts passiert.

»Was ist denn da los? Wo bleibt das berühmte Echo?«, fragen sie den Schiffsführer.

»Ja, leider«, sagt der Schiffsführer und kratzt sich am Kopf. »Das berühmte Echo gibt's nicht mehr. Dieses Jahr im Winter ist nämlich der Echo-Beauftragte gestorben.«

Kurkonzert in Bad Wasserstein.

Der Ansager gerät in Verzückung, weil jetzt der berühmte Geiger Joschi alte Volksweisen spielen wird. »Viel Vergnügen.«

Die Kurgäste lauschen brav. Ein Zuhörer beginnt plötzlich zu weinen.

»Sie sind wohl nostalgisch?«, wird er gefragt.

»Nein«, sagt er. »Ich bin musikalisch.«

Schimpft der Kapitän mit dem Schiffsjungen im Ausguck:
»Schrei doch nicht immer ›Land in Sicht‹. Wir sind ja noch
im Hafen!«

Herr und Frau Bahrendorf schreiben Briefe an die
Verwandten. Plötzlich richtet er sich auf dem Stuhl
auf und macht komische Schluckgeräusche.
»Ist was, Liebling?«, fragt Frau Bahrendorf.
»Ach, ich hatte es eben auf der Zunge, jetzt ist es weg«,
murmelt er.
»Denk nicht dran, plötzlich hast du es wieder«, rät sie.
»Das glaube ich nicht«, widerspricht Herr Bahrendorf,
»es war die Briefmarke.«

Ein Reporter fragt einen Passanten: »Was ist das Problem
der heutigen Gesellschaft: mangelndes Wissen oder
mangelndes Interesse?«
Antwort: »Weiß ich nicht, ist mir auch egal!«

Leopold und Valentina wandern an den Bahnschienen entlang. Leopold stolpert und fällt hin.

»Au!«, schreit er. »Verdammte Schiene! Mann, ist die hart!«

Meint Valentina mitfühlend: »Fall doch das nächste Mal auf eine Weiche.«

»Vierblättrige Kleeblätter bringen wirklich Glück«, behauptet Laura. »Gestern hab ich eins gefunden. Und stellt euch das einmal vor! Heute, nur einen Tag später, habe ich schon wieder eins gefunden.«

»Hier hast du einen Euro«, sagt Meister Stemmer zu Fridolin, seinem Auszubildenden. »Geh zum Metzger und hol mir eine Wurstsemmel.«

Dann gibt er Fridolin noch einen Euro und sagt: »Und du darfst dir auch eine Wurstsemmel kaufen.«

Nach kurzer Zeit kommt Fridolin zurück, an einer Wurst-semmel kauend, und gibt dem Meister einen Euro zurück.

»Der Bäcker hat nur noch eine Wurstsemmel gehabt«, sagt er.

Emilio will Maria ans andere Seeufer hinüberrudern und ist sehr aufgeregt, weil Maria seine erste Freundin ist. So sitzt er im Boot und rudert wie ein Wahnsinniger. Nach einer Stunde etwa fragt er schweißgebadet: »Sind wir jetzt immer noch nicht am anderen Ufer drüben?«

»Nein«, sagt Maria. »Da musst du erst einmal den Kahn losbinden.«

»Wo verbringst du deine freien Abende?«
»Ich habe keine freien Abende.«
»Arbeitest du so viel?«
»Nein. Ich gehe schon um sieben ins Bett.«

Im Zirkus tritt ein Feuerschlucker auf.
»Schade, dass er nicht vorige Woche da war, als bei Stemmrichs die Scheune abgebrannt ist. Da hätte er sich mal so richtig satt essen können.«

Bei Herrn Randomir läutet ein Vertreter.

»Ich habe ein hundertprozentiges Wundermittel. Eine Wurzel. Wenn Sie die in den Mund schieben und dabei einen Lottoschein ausfüllen, haben Sie garantiert einen Sechser.«

»Hört sich gut an«, sagt Herr Randomir. »Und was kostet die Wunderwurzel?«

»Lächerliche fünfhundert Euro«, sagt der Vertreter.

Da kauft Herr Randomir natürlich die Wurzel.

»Aber da ist noch was«, meint der Vertreter. »Nur eine Kleinigkeit. Wenn Sie die Lottozahlen aufschreiben, dürfen Sie auf keinen Fall an ein Nilpferd denken. Sonst wirkt der Zauber nicht.«

»Verdammt«, sagt später Herr Randomir, als er seinen Lottoschein ausfüllen will.

»In meinem ganzen Leben hab ich noch nie an ein Nilpferd denken müssen. Und jetzt krieg ich das verdammte Biest nicht mehr aus meinem Kopf!«

Zwei Freunde beobachten einen Astronomen, wie er mit seinem Fernrohr die Sterne betrachtet.

Da geht eine Sternschnuppe nieder.

Sagt der eine Freund zum anderen: »Schau, jetzt hat er einen Stern getroffen.«

Herr Arslani ist wütend.

»Was treibt ihr da oben!«, brüllt er auf seinen Kirschbaum rauf.

»Na, was werden wir schon tun«, rufen Tom und Lenja.

»Wir hängen die Kirschen wieder hin, die gestern runtergefallen sind.«

Treffen sich zwei Herren auf der Straße.

Sagt der eine: »Entschuldigen Sie, eine Frage. Sind Sie vielleicht mit Herrn Otto Obermeier verwandt?«

Antwortet der andere: »Ich bin Otto Obermeier.«

»Ach, darum diese verblüffende Ähnlichkeit!«, ruft der eine Herr aus.

Frau Brösl ist immer schrecklich zerstreut. Sie kommt in Kreckls Kiosk und sagt:

»Geben Sie mir bitte ein ... ein Dings ... ein, ja, was wollte ich eigentlich? Ach, wissen Sie was, geben Sie mir einfach irgendetwas Ähnliches.«

»Was ist ein Amtsgeheimnis?«

»Ein Amtsgeheimnis ist eine Sache, die niemand wissen darf.«

»Aha. Und reden darf man auch nicht darüber?«

»Natürlich nicht. Reden darüber darf man erst dann, wenn die Sache schon überall bekannt ist.«

WortQuatschsalat

Was bestellt der Mops, wenn er ins Gasthaus kommt?
Eine Portion Bellkartoffeln.

»Zehn Kilo Dynamit«, verlangt Kurt im Waffengeschäft.
Der Verkäufer wird ganz blass. »Wozu brauchst du zehn
Kilo Dynamit?«, fragt er.
»Papa hat gesagt, ich soll den Rasen sprengen«, erklärt
Kurt.

Warum sind Boxer die vornehmsten Sportler?
- Sie arbeiten nur in Handschuhen.

Zwei Milchpackungen sitzen auf einer Bank. Sagt die eine
zur anderen: »Ach, ist das ein schöner Tag heute.« Darauf
meint die andere: »Sprich mich nicht an, ich bin sauer!«

Alexandra zeigt ihren Freundinnen stolz die neue
Wohnung.

»Und dies«, präsentiert sie, »ist unser Musikzimmer.«

»Wieso Musikzimmer?«, wundern sich die Freundinnen.

»Da ist doch nix, kein Klavier, keine Geige, gar nix.«

»Schon«, sagt Alexandra. »Aber hier hört man das Radio
vom Nachbarn besonders gut.«

»Na, wie geht es deinem Goldfisch? Ist er noch krank?«

»Nein. Er ist schon wieder auf den Beinen.«

Aus einem Schulaufsatz:

Die Ameise ist sehr fleißig. Sie arbeitet den ganzen Tag
und trägt schwere Lasten. Nie hat man eine deshalb
murren gehört.

Kapitän Cook machte drei Entdeckungsreisen in den Stillen
Ozean. Auf welcher wurde er ermordet?

»Da darfst du mich nicht fragen«, sagt Baldur.

»In Geschichte war ich schon immer eine Niete.«

Warum ist der Mond so bleich?

Weil er die ganze Nacht nicht schlafen kann.

Ein Mann sitzt in einer Kneipe und starrt stundenlang
in eine Tasse Tee. Warum tut er das?

Er ist ein Tee-gern-seher.

Dann fährt er heim und schleicht auf Zehenspitzen durch
den Bahnhof. Warum?

Weil dort ein Plakat hängt mit der Aufschrift: Gleise.

Frage: Wie kriegt man eine Kuh in den Kühlschrank?

Antwort: Türe auf. Kuh rein. Türe zu.

Und wie kriegt man ein Pferd in den Kühlschrank?

Antwort: Vielleicht so: Türe auf. Pferd rein. Türe zu?

Nein, nein! Richtig ist: Türe auf. Kuh raus, Pferd rein.
Türe zu.

Wie fängt man einen Affen?

Man hängt sich mit dem Kopf nach unten an einen Baum
und macht eine Nase wie eine Banane.

Woran erkennt man, dass ein Elefant unter dem Bett liegt?
Wenn du mit der Nase an die Zimmerdecke stößt.

Was ist weiß, hat vier Beine und einen Reisekoffer?
Eine Maus, die in die Ferien fährt.
Und was ist braun, hat vier Beine und einen Reisekoffer?
Eine Maus, die aus den Ferien zurückkommt.

Was ist es für eine Zeit, wenn ein Elefant auf dem
Gartenzaun sitzt?
Dann ist es höchste Zeit, den Gartenzaun reparieren
zu lassen.

Warum summen die Bienen?
Weil sie den Text nicht können.

Wo kann man eine Kuh aus der Steinzeit besichtigen?
Im Muh-seum.

Was kann man mit hundert Nullen anfangen?

Eine Eins davorsetzen und so eine Zahl kriegen, die keiner lesen kann.

Fünfzig Klotüren beschriften.

Eine Partei gründen.

Woran erkennt man, dass Kartoffelchips frisch sind?

Wenn man sie im Kino zehn Sitzreihen weit hören kann.

Wie heißt die Mehrzahl von Katze?

Meerkatzen.

Und die Mehrzahl von Baum?

Wald.

Woran erkennt man das Alter eines Huhns?

An den Zähnen.

Aber ein Huhn hat doch keine Zähne!

Das Huhn nicht, aber derjenige, der es isst.

Pass mal gut auf! Folgende Wörter und Sätze lauten, von vorne oder hinten gelesen, ganz gleich:

Lagerregal

Reittier

Marktkram

Bei Liese sei lieb

Leg in eine so helle Hose nie'n Igel

Ein Neger mit Gazelle zagt im Regen nie

Renate bittet Tibetaner

Reliefpfeiler

Tonnennot

»Was ist das: Hängt an der Wand, ist rot und singt Lieder?«

»Keine Ahnung. – Na sag's schon!«

»Eine Ölsardine.«

»Blöder Quatsch. Eine Ölsardine hängt doch nicht an der Wand!«

»Du kannst sie ja hinkleben.«

»Und rot ist sie auch nicht.«

»Aber man kann sie rot anstreichen.«

»Und Lieder singen kann eine Ölsardine schon gar nicht. Oder hast du schon einmal ...«

»Bist du kleinlich! Dann singt sie eben nicht.«

Was soll man einem Gorilla sagen, der einen Kopfhörer aufhat?

Nichts. Er hört es ja doch nicht.

Was macht eine Schildkröte auf der Autobahn?

Etwa 129 Millimeter in der Stunde – mehr bestimmt nicht.

Was sagte die Banane zum Affen?

Nichts. Bananen können nicht reden.

Wie heißt der Tausendfüßler auf italienisch?

Molto Beene.

Du kennst ein Rotkehlchen. Aber was ist ein Stiefenkelchen?

Ein Stief-Enkelchen.

Warum werden bei den Kiefern in der Mitte des Stammes
Leimringe angebracht?
Damit man Ober- und Unterkiefer unterscheiden kann.

Woran erkennt man englische Flugzeuge?
Sie fliegen links.

Wie kann man die Zahl 99 um ein Drittel verkleinern,
ohne etwas wegzunehmen?
Man drehe das Buch um!

Welches sind die ärmsten Sportler?
Die Radfahrer. Sie müssen sogar die Luft pumpen.

Wer hat Zähne und beißt doch nicht?
Die Briefmarke.

Warum schließt der Hahn die Augen, wenn er kräht?
Weil er's auswendig kann.
Können auch die Vögel auswendig singen?
Nein, die singen vom Blatt.

Es liegt auf der Oberfläche der Erde. Und trotzdem hat
es noch nie ein Sonnenstrahl erreicht. Was ist das?
Der Schatten.

»Sehen Sie, Herr Kollege«, sagt ein Lehrer zum anderen.
»Da hängt die ganze vierte Klasse wieder zum Fenster
raus. Und wenn dann einer runterfällt, will's natürlich
wieder keiner gewesen sein.«

Was kriegt ein Engelchen, wenn es in den Misthaufen
plumpst?
Kotflügel.

»Ich weiß ein Rätsel«, sagt Theo zu seinen Freunden.

»Was ist das: Es hat vier Beine, es ist aus Holz und springt
so hoch wie der Kölner Dom?«

Die Freunde überlegen eine Weile und geben dann auf.

»Das ist«, erklärt Theo, »ein Schaukelpferd.«

»Aber ein Schaukelpferd kann doch gar nicht springen«,
protestieren die Freunde.

»Der Kölner Dom auch nicht«, sagt Theo.

Der Vortrag von Herrn Professor Dotte über das Thema
»Wie bleibe ich immer gesund?« muss wegen Erkältung des
Herrn Professors ausfallen.

Zur Prozession versammeln sich die Teilnehmer vor der
Kirche hinter der Kirche und nach der Kirche vor der Kirche.

Wo ist man erst richtig drin, wenn man mit den Füßen
wieder draußen ist?

In der Hose.

Weil er Geld in Menge hatte, lag er in der Hängematte.

Es klapperten die Klapperschlangen, bis ihre Klappern
schlapper klangen.

Welche Bäume tragen bequeme Hausschuhe?
Die Latschenkiefern.

Warum tragen die Elefanten bunte Schulranzen?
Damit sie in der U-Bahn mit Kindertarif fahren können.

Fragt Karl den Otto: »Kennst du den Unterschied zwischen
einem guten und einem schlechten Witz?«
»Nein«, sagt Otto.
Meint Karl: »Man merkt's.«

»Wo arbeitet dein Vater?«

»Im Krankenhaus.«

»Und was macht er dort?«

»Er verbindet die Leute.«

»Ist er Krankenpfleger?«

»Nein, Telefonist.«

Was ist grün, haarig und fährt immer rauf und runter?
Eine Stachelbeere in einem Lift.

Was sind Träume?
Das ist so etwas wie Fernsehen im Schlaf.

»Darf ich bei Lehmanns spielen?«

»Mit diesen dreckigen Hosen?«

»Nein, mit Sonja und Simon.«

In welches Horn kann man nicht blasen?
Ins Matterhorn.

Was kann auch der größte Dichter nicht mit Worten ausdrücken?

Einen nassen Schwamm.

Was ist, wenn man einen Regenwurm mit einem Igel kreuzt?

Man kriegt zehn Meter Stacheldraht.

Und wenn man ein Ferkel mit einem Briefkasten kreuzt?

Dann kriegt man ein Sparschwein.

»Wo kann ich die leeren Flaschen abgeben?«, fragt Frau Mittelmeier den frisch eingestellten Azubi.

»Das heißt nicht: leere Flaschen. Das heißt jetzt: Leergut«, verbessert der Azubi.

»Also ja, wo kann ich das Leergut abgeben?«

»Dort drüben bei der Abgabestelle für leere Flaschen.«

»Und ihr lebt tatsächlich nur von Obst und Gemüse?«

»Ja.«

»Ist dein Vater so ein strenger Vegetarier?«

»Nein.«

»Was ist er dann?«

»Obsthändler.«

»Bin ich froh, dass ich nicht in Paris geboren bin.«

»Wieso, was hast du gegen Paris?«

»Nichts. Aber, was meinst du, wie ich mich blamiert hätte. Ich kann doch nicht französisch.«

Wie kann man einen indischen Elefanten von einem afrikanischen unterscheiden?

Das ist doch ganz einfach. Der indische Elefant spricht Indisch und der afrikanische Elefant Afrikanisch.

Warum sind die Sibirischen Windhunde so schnell?

Weil in Sibirien die Bäume so weit auseinander sind.

Warum sieht man im Tierpark keine Hühner?
Weil sie den Eintrittspreis nicht bezahlen können.

»Mannomann, hier geht's aber rund«, ruft der Elefant, als er in die Waschmaschine fällt.

»Wie fandest du das Wetter im Urlaub?«
»Ganz einfach. Ich ging vors Haus, und da war's dann.«

»Was sagste zum Wetter?«
»Ach ja, ein Wetter muss halt sein!«

Bitte anschnallen, jetzt wird es lustig

Alessandro muss zum Bürgermeisteramt. Die Zulassung
für sein Auto ist abgelaufen und Alessandro braucht einen
neuen Stempel.

Auf dem Bürgermeisteramt kriegt er den Stempel und
legt zehn Euro auf den Tisch.

»Was willst du mit den zehn Euro?«, fragt der Beamte.

»Die sind für den Stempel. Hab ich das letzte Mal auch
bezahlen müssen.«

»Das war falsch. Du kriegst die zehn Euro vom letzten Mal
zurück«, sagt der Beamte und legt ein langes Formular
hin. Alessandro füllt es aus, und dann kriegt er die zehn
Euro zurück.

»So, und jetzt krieg ich von dir zwanzig Euro«, sagt der
Beamte.

»Zwanzig Euro, wofür?«

»Für das Formular natürlich«, sagt der Beamte.

»Liebling, willst du wirklich unser Auto verkaufen?«

»Ja, Schatz«, antwortet der Ehemann.

»Das Ding ist eine einzige Blechbeule. Jedes Mal, wenn ich irgendwo in der Stadt parke, kommt ein Polizist und fragt mich, ob ich den Unfall schon gemeldet habe.«

Herr Hasenöhrl hat sich für seinen Kleingarten einen alten Eisenbahnwaggon gekauft. Das ist eine prima Sache. Sie hat aber einen schweren Nachteil: Wenn Herr Hasenöhrl aufs Klo muss, braucht er jemanden, der ihm den Waggon hin und her schiebt. Denn die Benutzung der Toilette ist nur im Fahren gestattet.

Paul will sein Motorrad in der Werkstatt abholen.

»Der Karren bleibt hier«, sagt der Meister.

»Und wann krieg ich mein Motorrad?«

»Wenn du bezahlt hast. Keine Sekunde früher.«

»Sie, das geht nicht. Dann krieg ich es ja nie wieder!«, schimpft Paul.

Jonas und Ben fahren mit dem Motorrad in die Ferien. Aber Jonas hat sein Navi vergessen. So kurvt er planlos in der Gegend umher. Nach längerer Zeit fragt Ben auf dem Rücksitz besorgt: »Weißt du überhaupt, in welche Richtung wir fahren?«

»Ja, genau nach Süden.«

»Und woran erkennst du das?«

»Weil's immer wärmer wird.«

»Haben Sie einen Unfall gehabt?«, fragt die alte Dame besorgt.

»Nein«, antwortet Herr Hühnerbein, »ich habe nur den Wagen umgedreht, um zu schauen, ob sich die Räder noch drehen.«

»Und wie weit ist es noch bis Köln?«, fragt Finn den Lastwagenfahrer.

»Na ja, so etwa vier Stunden.«

»Darf ich aufsitzen?«, fragt er weiter.

»Warum nicht.«

Und dann brausen sie los.

Nach einer Stunde fragt Finn wieder: »Wie weit ist es noch bis Köln?«

»Na ja, so etwa fünf Stunden.«

»Aber Sie sagten doch ...«

»Klar, aber wir fahren in die andere Richtung.«

Ein altes Ehepaar sitzt gemütlich im Wohnzimmer.

Sagt Opa: »Du, schau mal auf die Straße runter, was da für ein Lärm war.«

Oma schaut runter und antwortet: »Ein Auto wollte in die Seitenstraße einbiegen.«

»Aber da ist doch gar keine Seitenstraße«, sagt Opa.

»Eben, daher der Lärm«, sagt Oma.

»Also, das Motorrad da würde mir gefallen«, sagt Luca.

»Kann man das auf Abzahlung kriegen?«

»Warum nicht«, meint der Händler. »An welche Raten hast du gedacht?«

»Ich habe gedacht ... so an ... sagen wir mal zwei Euro im Monat«, schlägt Luca vor.

»Das kann doch nicht dein Ernst sein«, sagt da der Händler. »Da müsstest du ja - warte mal - mindestens zweihundertfünfzig Jahre abzahlen!«

»Schon«, sagt Luca. »Aber dieses Motorad wär mir das wert.«

»Mein Auto springt nicht an«, sagt Melina zum Kfz-Meister.

»Da ist bestimmt was kaputt.«

»Haben Sie schon mal die Kerzen erneuern lassen?«, fragt der Meister.

»Kerzen?«, sagt Melina. »Wieso? Es ist doch noch nicht Weihnachten.«

Noah und Kamilla fahren mit dem Taxi nach Hause.

»Macht acht Euro fünfzig«, sagt der Fahrer, als sie da sind. Da aber wird es Kamilla mulmig zumute.

»Oje«, sagt sie zum Taxifahrer. »Könnten Sie bitte wieder für einen Euro fünfzig zurückfahren. Ich habe nämlich nur sieben Euro dabei.«

★

»Mein Mann hat nur sein Auto im Kopf«, sagt Frau Bömmel.

»Das ist doch gut«, antwortet Frau Brösl. »Dann braucht er keine Garage.«

Die Reparaturwerkstatt von Mike wird mit jedem Problem
fertig.

Schickte neulich ein Mann ein Stück Blechdach, das ihm der
Sturm weggerissen hatte, an Mike zur Resteverwertung.
Und prompt bekam er einen Brief zurück:

»Sehr geehrter Herr. Wir haben Ihren Wagen zur Repara-
tur erhalten. Es wird aber etwa zwei Monate dauern, bis
Sie ihn abholen können.«

Herr Kleinlein geht auf die Straße und passt nicht auf.
Da wird er von einem Radfahrer angefahren.

»Ja, verdammt noch mal! Haben Sie mich nicht läuten
gehört«, schimpft der Radfahrer.

»Schon«, sagt Herr Kleinlein. »Aber ich habe gedacht,
es ist das Telefon.«

Der TÜV ist vorbei.

Kommt der Prüfer mit einer langen Liste und mit einem bedenklichen Gesicht daher.

»Also«, sagt er zu Herrn Baldauf, »an diesem Auto macht nur ein Teil kein Geräusch.«

»Und welches?«

»Die Hupe.«

Warum hat ein Auto einen Innenspiegel?

Damit der Fahrer kontrollieren kann, ob er auch wirklich drinsitzt.

Julian kommt zum Kfz-Händler und stänkert: »Bei dem Motorrad, das Sie mir verkauft haben, rinnt dauernd das Öl aus!«

»Habe ich dir nicht gleich gesagt«, kontert der Händler, »dass es sich bei diesem Moped um ein Auslaufmodell handelt?«

Niklas packt seinen Kleinwagen voll.

»Wo soll's denn hingehen?«, fragt ihn sein Nachbar.

»Nach Palermo.«

»Mit diesem Winzling wollen Sie nach Palermo kommen?«
Der Nachbar lächelt mitleidig.

»Morgen Abend bin ich in Palermo«, beteuert Niklas.

»Das kann ich mir nicht vorstellen. Bei dem Wagen!«

»Klar doch. Ich gebe ihn als Handgepäck auf.«

Welches Rad dreht sich am wenigsten, wenn ein Auto
durch eine Rechtskurve fährt?
Das Reserverad.

Theodor hat mit seinem Motorrad ein Stoppschild missach-
tet und wird von einer Streife angehalten.

»Weißt du, was dieses Schild bedeutet?«, fragt der Polizist.

»Ehrlich gesagt, nein. Aber warten Sie. Mein Bruder wird
das vielleicht wissen, der hat nämlich einen Führerschein.«

»Gestern bin ich von Basel nach Bern gefahren«, erzählt
Herr Hammsel.
»Es war furchtbar. Immer in der Kolonne und immer mit
dreißig Stundenkilometern!«
»Ja, haben Sie denn nicht überholen können?«
»Aber nein. Ich bin ja der Erste gewesen.«

Hält ein teures Auto neben einem Fußgänger.
»Wo bin ich hier?«, ruft ein Mann aus dem Wagen.
»In der Ringstraße«, sagt der Fußgänger.
»Keine Einzelheiten bitte«, ruft der Mann im Auto zurück.
»Ich will wissen, in welcher Stadt!«

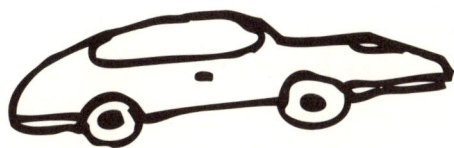

Henry schiebt die Reste seines Kleinwagens vor die Reparaturwerkstatt.

»Was ist los?«, fragt der Mechaniker und betrachtet den Wagen.

»Bin gegen eine Betonwand gefahren«, sagt Henry.

»Wie oft?«, fragt der Mechaniker.

»Und, bist du mit deinem Kleinwagen zufrieden?«, wird Henry gefragt.

»Oh ja, ziemlich sogar. Nur an den Zehen drückt er noch ein wenig.«

»Wenn Sie schon unter meinem Auto liegen«, sagt Herr Kalubke zu dem Mann, den er soeben überfahren hat, »dann schauen Sie doch bitte nach, was da so klappert!«

»Man merkt meinem Auto doch nicht an, dass ich es gebraucht gekauft habe«, sagt Helen.

»Nein«, erwidern die Freundinnen, »es sieht nicht wie gebraucht aus.«

»Sondern?«

»Wie selbst gebastelt.«

»Du, Papa«, sagt Sophia, »lass mich doch mal mit deinem Wagen fahren. Ich bin doch wirklich jetzt alt genug.«

»Ja«, meint Papa. »Du bist schon alt genug. Aber der Wagen noch nicht.«